I0016435

Autor:

PEDRO ROJAS PEDREGOSA

INTELIGENCIA Y GESTIÓN EMOCIONAL DEL PROFESORADO EN LA ESCUELA

©Copyright: Pedro Rojas Pedregosa

©Copyright: De la presente Edición, Año 2019 WANCEULEN EDITORIAL

Título: INTELIGENCIA Y GESTIÓN EMOCIONAL DEL PROFESORADO EN LA ESCUELA

Autor: PEDRO ROJAS PEDREGOSA

Editorial: WANCEULEN EDITORIAL
Sello Editorial: WANCEULEN EDUCACIÓN

ISBN (Papel): 978-84-9993-982-7
ISBN (Ebook): 978-84-9993-983-4

DEPÓSITO LEGAL: SE 386-2019

Impreso en España. 2019

WANCEULEN S.L.
C/ Cristo del Desamparo y Abandono, 56 - 41006 Sevilla
Dirección web: www.wanceuleneditorial.com y www.wanceulen.com
Email: info@wanceuleneditorial.com

INDICE

PRESENTACIÓN

Las emociones forman parte de nuestra forma de ser y de cómo reaccionamos ante las distintas circunstancias que nos suceden a diario. Las experimentamos y percibimos desde el inicio de nuestras vidas. Desde nuestros primeros años de existencia comenzamos a desarrollarlas y a medida que vamos avanzando en edad las afianzamos. Lo mismo ocurre con la inteligencia, que unida a las emociones conforman lo que desde ya hace algún tiempo se viene manifestando como el *santo grial* de la nueva forma de sentir y pensar: La Inteligencia Emocional.

Por otro lado, mucho se ha avanzado en la forma de entender el funcionamiento de nuestro cerebro. Las investigaciones nos dan pistas y herramientas para poder hacer que la atención o la motivación puedan ser trabajadas en cualquier sector de la vida. En concreto, en el mundo de la educación, ya sabemos que podemos involucrar a nuestros estudiantes bajo el prisma de la curiosidad y en períodos de tiempo cortos, pues sino desaparece el foco atencional. Del mismo modo se evidencia que el trabajo cooperativo favorece el rendimiento escolar.

Así mismo, otro tipo de factores, como la distribución del aula, el sueño, la alimentación, el ejercicio físico, el juego o la distribución de las asignaturas son elementos importantísimos para facilitar un buen progreso educativo entre nuestros niños y adolescentes.

Este libro lo que pretende no es ser un libro de cabecera, sino todo lo contrario. Procuraremos que se convierta en un punto de partida para que todo el profesorado comience a despertar e indagar más profundamente en los nuevos estudios sobre Neuroeducación y/o inteligencia emocional. Y de esta manera conforme su propio programa anual educativo atendiendo a todos los factores de los que estamos hablando. Que se acomode al entorno sociocultural dónde desea implantarlo y desarrolle sesiones que haga que las nuevas generaciones sean libres, responsables y críticas. Eso sí, sin que el sentido común falte y recobremos el sendero de ilustración cultural que se ha perdido en estos últimos tiempos.

En este manual encontrareis una evaluación inicial que os hará ver del nivel de conocimientos con el que partís para afrontar este nuevo capítulo educativo que nos habéis propuesto recorrer. También, después de cada capítulo hallaréis otra para evaluar vuestra situación actual y la que tenéis tras explorar los contenidos propuestos. Todas las respuestas se pueden localizar al final de la obra.

Se os ofrece, igualmente, un apartado de recursos educativos con los que poder llevar a cabo actividades, pero es importante no acomodarse sólo a estas herramientas. Aconsejo investigar y elaborar una lista de materiales propios y de renovación continua. Para ello es muy importante estar continuamente informado de los nuevos avances que se van produciendo continuamente, en esta materia, a través de asistencia a cursos, congresos, seminarios, etc.

El autor

Evaluación inicial

1. ¿Qué entiendes por inteligencia?

2. ¿Qué es una emoción?

3. ¿Qué es un sentimiento?

4. ¿Qué es la motivación?

5. Indica alguna emoción positiva que conozcas

6. Indica alguna emoción negativa que conozcas

7. ¿Qué entiendes por Neuroeducación?

TEMA 1. EL PROCESO EMOCIONAL

Subtemas:

- Introducción
- Definición de emoción
- Definición de sentimiento
- Emoción vs. Sentimiento
- Funciones de las emociones
- Tipos de emociones
- Las emociones, sentimientos y el dibujo infantil

Introducción

Las emociones, como deja claro Fernández-Abascal (2015), no dejan de ser procesos del aparato psíquico que nos permiten detectar acontecimientos importantes para nuestra vida y que nos preparan para responder ante ellos de la manera más adecuada y rápida posible. Son el proceso adaptativo por excelencia que nos guía hacia lo apetitivo y nos previene ante lo potencialmente peligroso.

Para cumplir esta función adaptativa las emociones generan cambios rápidos tanto en nuestra actividad fisiológica como en nuestro comportamiento, en los diferentes sistemas de comunicación emocional, en las propias sensaciones que provienen de nuestro cuerpo y en las tendencias de acción que las motivan.

Las emociones tienen unos desencadenantes que pueden ser cambios en la situación externa o en procesos internos de la persona. Se disparan cuando algo cambia en el medio y es necesario realizar un análisis de si estos cambios son apetitivos, evitativos o indiferentes para la persona.

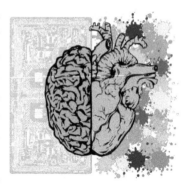

Los sentimientos son cambios, que son aquello de lo que solemos ser más conscientes pues son fruto de la parte consciente de la evaluación y de las diferentes situaciones fisiológicas que apreciamos en nuestro propio cuerpo. Es el aspecto fenoménico de las emociones. Aparecen después de las emociones y perduran.

Estos cambios pueden darse de diferentes formas:

- En la forma en que nos comunicamos emocionalmente. Verbal o no verbal.
- En nuestros afrontamientos. Los recursos que movilizamos para dar respuesta a las nuevas condiciones que se han planteado.
- En nuestra actividad fisiológica.

Todos estos elementos son denominados *respuestas emocionales*. Pero para entender ese proceso emocional y las propias emociones nos planteamos la siguiente pregunta:

¿Cuál es la causa que las provoca?
https://www.youtube.com/watch?v=hlMAKpxN8N0

Ante este dilema se plantean dos teorías. Por un lado, nos encontramos a los que defienden que es un proceso cognitivo (Lazarus, 1991) provocado por un razonamiento sobre el significado de la situación concreta a la que se enfrentan quedando como resultado una emoción, o sea, la estimación del significado que causa dicha emoción.

Luego están los que afirman que son factores biológicos (Izard, 1989; Ekman, 1992) entendiendo que las emociones ocurren por activación neuronal o expresiones faciales espontáneas principalmente.

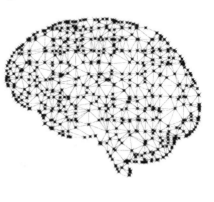

La respuesta para Buck (1984) está en que tanto los factores cognitivos como los biológicos son las causas de que se produzca, ya que ambos sistemas activan y regulan las emociones. Encontrándonos unos factores innatos, espontáneos y fisiológicos que reaccionan de una manera involuntaria a los estímulos emocionales y otros cognitivos que actúan por medio de la experiencia acumulada.

La controversia entre los dos puntos de vista, anteriormente citados (biológicos y cognitivos), es un dilema que llevo a plantearle a Plutchik (1985) la eterna disyuntiva de que fue primero, si el huevo o la gallina. Por tanto, la emoción no debería conceptualizarse desde un punto de vista cognitivo o biológico, sino hacerlo como un proceso o secuencia de situaciones que se van añadiendo o sumando en un complejo sistema de retroalimentación.

Después de las anteriores apreciaciones, podemos decir que el proceso emocional viene acompañado de cambios que surgen como consecuencia de un estímulo interno y externo que nos hacen reaccionar de forma compleja atendiendo a un estado mental particular, un cambio fisiológico y un impulso a actuar ante sucesos vitales importantes. Por eso las emociones, una vez que se estimulan, generan sentimientos que activan al cuerpo para la tarea y generan situaciones motivantes que hacen que reaccionemos con expresiones faciales identificables por el resto de individuos. Pero realmente una actividad emocional es algo más complejo que todo lo que se acaba de comentar. Según Izard (1993) este proceso posee un efecto multidimensional, o sea, coexiste como fenómeno social subjetivo, biológico e intencional.

Definición de emoción

Desde que William James formuló en 1884 la pregunta ¿Qué es una emoción? Un torrente de definiciones, respuestas, controversias e imprecisiones se han ido describiendo a lo largo de todos estos años y el intento de aclarar o delimitar, como dice Fernández-Abascal (2010), este concepto ha sido imposible. Nosotros partimos de lo básico y esencial para entender su significado y su procedencia, clarificando al final, de este punto, la definición de mayor consenso social a nivel científico.

La palabra Emoción, del latín –Emotional, significa acto de remover, agitar o excitar, lo que lleva implícito una relación directa con la acción y con la atribución de términos como el afecto, la pasión, los sentimientos, etc. Procede del verbo *emotio* que viene a expresar alejamiento o movimiento-, y queda definida por la RAE como:

1. f. Alteración del ánimo intensa y pasajera, agradable o penosa, que va acompañada de cierta conmoción somática.

2. f. Interés, generalmente expectante, con que se participa en algo que está ocurriendo.

Por otro lado, hay muchas más formas de interpretar y definir este concepto atendiendo a diversas ciencias o culturas como detalla Fericgla (2000)

Para la biología, las emociones suponen un complejo proceso hormonal, fisiológico e incluso muscular que sirve para establecer y asentar la vida en sociedad. Para la psicología, las emociones suponen el impulso básico de la mente consciente además de una fuente de patologías diversas si han sido mal socializadas. Para las grandes religiones –cristianismo, budismo, islamismo, hinduismo– las emociones son el objeto central de su motivo de existir, consistente en socializar ciertos impulsos emocionales –como la ira o el terror a la muerte– para reorientarlos hacia el amor y el gozo de existir. Desde la antropología, las emociones deben entenderse como el campo básico sobre el cual se crea la red de conexiones y prácticas sociales que devienen en sistemas y contenidos culturales. (p. 1)

Pero para la Psicología, según Fernández-Abascal et al. (2010), éste, término es el concepto que describe y explica los efectos producidos por un proceso multidimensional, encargado de un análisis de situaciones significativas, una interpretación subjetiva de éstas en función de la historia personal del sujeto, una respuesta o expresión emocional de todo el proceso, una respuesta en marcha para la acción comportamental del sujeto y un cambio en la actividad fisiológica.

En lo que si hay un consenso es al considerarla como una respuesta adaptativa del organismo al medio en el que se encuentra y que surge como consecuencia de una evaluación cognitiva en la que intervienen el componente atencional y evaluativo, que posee una activación en los componentes comportamental, fisiológico y subjetivo donde este último es también una respuesta de naturaleza cognitiva que permite el autocontrol o regulación de la emoción. (Gross y Thompson, 2007; Mauss y Robinson, 2010; Moors, 2010 citados en Andrés y Stelzer, 2015).

Vendría a ser como un gran sistema de rastreo que hace que evaluemos la situación planteada dando una respuesta rápida para nuestro bienestar corporal.

Según Russell (1995) citado por Reeve (2009), las emociones tienen cuatro componentes esenciales como son el sentimiento, la estimulación corporal, la social-expresiva y un sentimiento intencional. Para Fernández-Abascal (2015) esos componentes son los que a continuación se expresan:

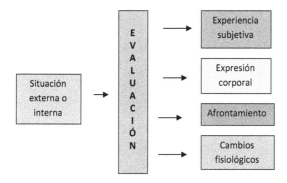

Figura: 1. Componentes de la emoción (Fernández-Abascal, 2015, p.10)

Pero la definición de emoción es uno de esos conceptos, siguiendo a Pérez et al. (2010), más discutidos, con más arraigo y tradición en psicología. Viene a ser un constructo que relaciona los cuatro componentes, antes mencionados, y que interactúan de manera armonizada como cuando llevamos a cabo una expresión de sorpresa como se puede ver en la siguiente imagen.

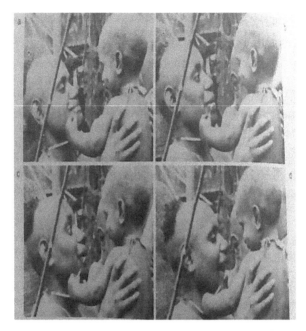

Figura. 2. Mujer eipo que se dirige a un lactante con una expresión de sorpresa divertida y le interpela alzando las cejas. Eibl-Eibesfeldt (199, p.324)

Por consiguiente, podemos deducir de todo lo dicho, siguiendo a Reeve (2009) y Pérez et al. (2010), que una emoción vendría a ser un conjunto complejo de fenómenos de corta duración y estrecha relación con los sentimientos, la estimulación, la intención y expresión que regula nuestra adaptación a los retos y oportunidades que cada día nos ofrece la vida y que iniciarían la coordinación/sincronización de los cuatro elementos incluidos en la figura 1, además de correlacionar las expresiones y músculos de la cara de aquellas personas que sienten una determinada emoción y la reflejan exteriormente, como se ve reflejado en la figura 2. Y todo ello controlado desde el sistema límbico, que como afirma

Maya y Rivero (2010) es el sustrato neurobiológico de las emociones ligadas al aprendizaje y su relación con la motivación lo que generan los comportamientos.

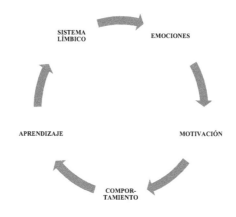

Figura 3. Efectos que se generan de las emociones.

De todo lo expuesto anteriormente y teniendo que concretar sobre un significado de este concepto que agrupe a todas las corrientes, nos quedamos con una de las definiciones que mayor consenso tiene y que pudiera ser la que dice Adolphs (2005) al referirse a la emoción como *"un cambio fásico, concertado, generalmente adaptativo, de múltiples sistemas fisiológicos (con componentes somáticos y neurales) en respuesta a la evaluación de un estímulo"* (pp. 13-14)

La secuencia del proceso emocional, atendiendo a lo que nos dicen Mestre y Guil (2012), sería la siguiente: primero se produce un estímulo o motivación, percepción, evaluación-valoración, sentimiento, respuesta fisiológica, orexis y expresión, o no, de las emociones (Palmero, 2001). El siguiente esquema descrito en la figura 3.1 es un proceso demasiado simple, pero al menos es más entendible para los no expertos en psicología de la emoción.

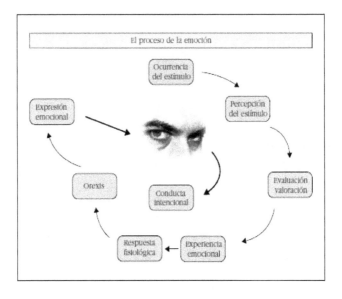

Figura 4. El proceso emocional basado en Palmero y Mestre (2004)

Definición de sentimiento

La palabra Sentimiento está formada por la palabra latina *sentire* y por el sufijo *miento* (que proviene a su vez del latín *mentum*), con el cual se forman adjetivos verbales, es decir, señalan la acción y el efecto de algo: un sentimiento es así, la acción y el efecto de sentir. La palabra sentimiento en griego clásico era *pathos* y hace referencia tanto a la emoción interna, como a lo que el alma experimenta existencialmente.

Según la RAE la definición de este término es la siguiente:

1. m. Hecho o efecto de sentir o sentirse.

2. m. Estado afectivo del ánimo. Se deja llevar por su s sentimientos.

Para la Psicología es la experiencia subjetiva de la emoción lo que define al sentimiento. Siendo este, para Carlson y Hatfield (1992) en Fernández Abascal (2010), la evaluación momento a momento, que un sujeto realiza cada vez que se enfrenta a una situación. Dicho de otra manera, el sentimiento es una fase o etapa en el proceso emocional.

Hablar de sentimiento implica la referencia obligada a la consciencia en la que desde el punto de vista Filogenético la emoción es, como indica Mestre y Guil (2012)

> Un proceso anterior a la consciencia, ya que ésta es un producto de la propia evolución, que aparece cuando el cerebro adquiere la suficiente capacidad de desarrollo. Por este motivo, cabe perfectamente hablar de emociones en los individuos de especies inferiores, sin que tengamos que admitir de forma obligatoria la existencia de sentimiento emocional en dichos individuos. (p. 53)

Como nos vuelven a indicar los autores anteriores (Mestre y Guil, 2012), es el sentimiento el que nos lleva a poner nombre a la emoción que estamos experimentando en un momento dado debido a la evaluación y valoración que hacemos de la situación vivencial del momento.

En el caso de que el estímulo, la percepción y la evaluación-valoración no alcancen el umbral de la consciencia del sujeto, éste percibe la respuesta fisiológica producida por la secuencia anterior, con lo cual lleva a cabo la evaluación-valoración consciente de dichas manifestaciones fisiológicas, tal como hemos señalado anteriormente, y, en el caso de que sea capaz de localizar el estímulo que ha producido dichos cambios fisiológicos, termina por experimentar subjetivamente la emoción correspondiente. Queda patente que siempre es necesaria una evaluación-valoración consciente para que el sujeto experimente subjetivamente una emoción. (p. 68)

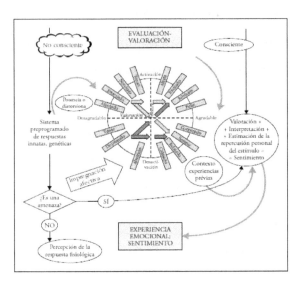

Figura 5. Procesos revelados entre la evaluación-valoración y el sentimiento (Palmero y Mestre, 2004, p. 69)

Emoción vs. Sentimiento

Las emociones son procesos del aparato psíquico que nos permiten detectar acontecimientos importantes para nuestra vida y que nos preparan para responder ante ellos de la manera más adecuada y rápida posible. Son el proceso adaptativo por excelencia que nos guía hacia lo apetitivo y nos previene ante lo potencialmente peligroso.

Para cumplir esta función adaptativa las emociones generan cambios rápidos tanto en nuestra actividad fisiológica como en nuestro comportamiento, en los diferentes sistemas de comunicación emocional, en las propias sensaciones que provienen de nuestro cuerpo y en las tendencias de acción que las motivan.

Las emociones tienen unos desencadenantes que pueden ser cambios en la situación externa o en procesos internos de la persona. Se disparan cuando algo cambia en el medio y es necesario realizar un análisis de si estos cambios son apetitivos, evitativos o indiferentes para la persona.

Los sentimientos son cambios, que son aquello de lo que solemos ser más conscientes pues son fruto de la parte consciente de la evaluación y de las diferentes situaciones fisiológicas que apreciamos en nuestro propio cuerpo. Es el aspecto fenoménico de las emociones.

Estos cambios pueden darse, como ya dijimos anteriormente, de diferentes formas:

- En la forma en que nos comunicamos emocionalmente. Verbal o no verbal.

- En nuestros afrontamientos. Los recursos que movilizamos para dar respuesta a las nuevas condiciones que se han planteado.
- En nuestra actividad fisiológica.

Todos estos elementos son denominados **respuesta emocional**. (Fernández-Abascal, 2015)

El concepto de sentimiento es algo que subyace en la experiencia subjetiva de la emoción. Podría decirse que es la medida imperceptible de tiempo justo en el que somos capaces de analizar y evaluar lo que nos ocurre para que inmediatamente procesemos la información y a continuación reaccionemos con la consiguiente escala de valores que nos provocará una emoción u otra. Como dice Reeve (2009) de la misma manera que la nariz sólo es una parte del rostro, los sentimientos son sólo una parte de la emoción.

En cuanto a las diferencias que puedan existir entre ambos términos hay que indicar que Lazarus (1991) sugiere la teoría de incluir sentimiento en el marco de las emociones, ya que éstas se conciben en sentido muy amplio. Es decir, considera sentimiento y emoción como conceptos interrelacionados, en el cual el concepto emoción englobaría al sentimiento.

Como conclusión, ante las diferencias de estos dos constructos, podemos citar lo que hace Damasio (2011) al señalar que la emoción y las reacciones relacionadas, con esta, están alineadas con el cuerpo; los sentimientos con la mente. Son los estados emocionales los que llegan primero y los sentimientos después. A continuación, esquematizamos estas discrepancias en forma de tablas.

DIFERENCIACIÓN CONCEPTUAL DE EMOCIÓN Y SENTIMIENTO (PALMERO Y FERNÁNDEZ-ABASCAL, 1998. En Mestre y Guil, 2010, p. 51)	
EMOCIÓN	Las emociones son eventos más intensos, más breves y generalmente se encuentran asociados a eventos concretos e inmediatos, por lo que sí tienen un considerable contenido cognitivo.
SENTIMIENTO	Es la experiencia subjetiva de la emoción, se refiere a la evaluación, momento a momento, que un sujeto realiza cada vez que se enfrenta a un evento.

Tabla: 1. Aspectos diferenciales de los conceptos relacionados con el afecto.

ESTADO	INTENSIDAD	DURACIÓN	COGNICIÓN
EMOCIÓN	Alta	Baja	Bajo
SENTIMIENTO	Variable	Larga	Alto (Alta experiencia valorada)

Tabla: 2. Diferencia entre emoción y sentimiento (Mestre y Guil, 2012, p. 53)

Los no expertos en el estudio de la emoción suelen confundir afecto, emoción, sentimiento y humor. En la siguiente tabla, siguiendo a Mestre y Guil (2012), ponemos de manifiesto estas diferenciaciones.

DIFERENCIACIÓN CONCEPTUAL ENTRE CONCEPTOS COMO EL AFECTO, EL HUMOR, LA EMOCIÓN Y/O EL SENTIMIENTO	
AFECTO	Tiene un uso más general que incluiría al resto de conceptos. Vendrían a ser las reacciones afectivas de bajo nivel, tanto positivas como negativas, que se producirían directamente como respuesta a un estímulo, e implicarían experiencias fisiológicas y fenomenológicas con posibles funciones informacionales (Leventhal, 1980)
HUMOR	Puede ser considerado como un estado afectivo de baja intensidad y de bastante duración, que no posee un antecedente concreto e inmediato y, en consecuencia, de bajo contenido cognitivo.
EMOCIÓN	Las emociones son situaciones más intensas, más breves y generalmente se encuentran asociadas a eventos concretos e inmediatos que si tienen un considerable contenido cognitivo.
SENTIMIENTO	Diremos que es la experiencia subjetiva de la anterior (emoción), se refiere a la evaluación que experimentamos en cada momento que llevamos a cabo un evento emocional.

Tabla 3. Diferencias entre elementos comunes con las emociones (Mestre y Guil, 2012, p. 51)

Funciones de las emociones

Las emociones, como ya hemos podido comprobar, desempeñan un papel importante en el ser humano dando una respuesta de sensaciones emocionales agradables y/o desagradables que llevan añadidas una intensidad y duración en su desarrollo. Nos ayudan, por otro lado, a afrontar determinadas situaciones, favorecen nuestra adaptación al entorno natural y social, incidiendo en nuestros procesos mentales y/o físicos. Esas funciones, según Fernández-Abascal et al. (2010; 2013) son tres: Adaptativas, Sociales y/o Motivacionales.

Función	Efecto
Adaptativa	Prepara al organismo para la acción
Social	Da a conocer o comunican nuestro estado de ánimo
Motivacional	Facilitan las conductas motivadas

Tabla: 4. Funciones que cumplen las emociones.

Adaptativas

Esta función hace que el organismo se prepare de manera eficaz para llevar a cabo una determinada conducta que se condiciona por el medio ambiente que rodea al individuo y que lo acerca o aleja hacia un objetivo concreto. Para Plutchik (1980), en Chóliz (2005) y Fernández-Abascal (2010), hay ocho funciones adaptativas principales relacionadas con una función primigenia.

Emoción	Función Adaptativa
Miedo	De Protección
Ira	De Destrucción
Alegría	De Reproducción
Tristeza	De Reintegración
Confianza	De Afiliación
Asco	De Rechazo
Anticipación	De Exploración
Sorpresa	De Exploración

Tabla: 5. Funciones de las emociones según Plutchik, 1980

El principal valedor de esta función fue Darwin al considerarla como una pieza clave para tener una conducta apropiada en las distintas situaciones a las que nos enfrentamos a diario. Las emociones habrían evolucionado por la selección natural como mecanismo de respuesta a la supervivencia. En su obra, *The Expression of the Emotions in Man and Animals,* inicia un recorrido de investigaciones centradas en los aspectos evolucionistas de la especie humana. Otros autores, como Tomkins (1984) y Ekman (1984) siguieron esta corriente poniendo de manifiesto la importancia de los estudios a nivel transcultural y la especificidad que las diferencia y las representan.

Sociales

Nuestras reacciones ante lo que percibimos se acomodan a propiciar emociones que nos faciliten una conducta apropiada, lo que lleva aparejado una expresión corporal acorde con dicha emoción. Esto hace que sea de vital importancia en las relaciones interpersonales, permitiéndonos predecir el comportamiento que vamos a desarrollar y el de la otra persona. Se lleva a cabo bajo varios sistemas de comunicación: la verbal informando sobre nuestros sentimientos, la artística y no verbal por medio de la postura corporal, expresión facial y la prosodia del lenguaje o tono emocional del habla (Fernández-Abascal et al. 2011), así como que las funciones sociales que llevan aparejadas las emociones serían las de facilitar la interacción social, el control de conductas, la expresión afectiva y la conducta prosocial.

FUNCIONES DE LAS EMOCIONES

Todas tienen alguna función y nos son útiles, permitiéndonos realizar con eficacia reacciones conductuales apropiadas con independencia de la cualidad hedónica que generan

Este fenómeno se puede apreciar en la emoción de felicidad que experimenta la persona al favorecer las relaciones interpersonales y sus interacciones con los demás. Caso contrario sucede con la manifestación de la ira, en la que el escenario cambia con respecto al anterior y provoca un enfrentamiento o evitación de los actores que intervienen. Esto viene a decir que procedemos a tener determinadas conductas dependiendo de la discriminación que hagamos desde la emoción en la que nos encontremos. Del mismo modo que es evidente el proceso adaptativo que tienen las emociones a la hora de la inhibición o control emocional de los individuos, estas en su control social podrían llegar a alterar las relaciones sociales del grupo u organización.

También las expresiones que a nivel emocional transmitimos comunican, a los demás, cómo nos sentimos, regulando la forma en la que los demás reaccionan ante nosotros y facilitan las interacciones sociales. Todo conlleva un juego e intercambio de reacciones que puede llevar a situaciones altruistas o indeseables que perjudiquen seriamente a los individuos, haciéndoles sufrir trastornos físicos y/o mentales nada saludables en sus relaciones interpersonales. Esto es debido a la interpretación de nuestra propia conducta y la de los demás, así de cómo percibimos e interpretamos la realidad que nos rodea.

Motivacionales

Existe una relación íntima entre emoción y motivación. Es la emoción, la que da energía a la conducta motivada para que sea eficaz en cada una de las situaciones en las que nos encontremos. Puede desarrollarse un estado de agrado-desagrado con una intensidad mayor o menor dependiendo de cada situación. Así mismo, podríamos afirmar, que estas situaciones percibidas, serían el hecho consciente por el que el sistema cognitivo reconocería el estado emocional en el que se encuentra la persona registrando la situación por la que está atravesando y actuando en consecuencia. Esto puede llevar a producir multitud de efectos variados en la salud, memoria, percepción, atención, aprendizaje, autoestima, etc.

Adaptativas	Cada emoción tiene una utilidad. Preparan al organismo para realizar una determinada conducta. Por ejemplo, el miedo para protegernos o la sorpresa para la exploración.
Motivacionales	Dan fuerza a la conducta motivada para que se realice de manera más eficaz. Aproximación o evitación.
Sociales	Indican nuestro estado de ánimo. Conlleva implícita la comunicación intra e inter-personal. La primera nos facilita nuestra propia información y la segunda muestra rasgos verbales y no verbales que recogen los demás e interpretan.

Tabla: 6. Características de las emociones

Tipos de emociones

Partiendo de la base, como indica Fernández-Abascal et al. (2010), de que la emoción como proceso psicológico, que por cotidiano que nos parezca su accesibilidad y facilidad a la hora de comprenderla, le ha llevado a esta ciencia más de cien años comenzar a entenderla. Por tanto, hablar de tipos de emociones, aparte de saber cómo se organizan y los enfoques que hay al respecto, es también saber que no solo hay una clasificación, sino varias. Teniendo en cuenta este dato, y a lo que dice Fernández-Abascal et al. (2010), el estudio del proceso emocional ha estado enfocado en dos estudios antagonistas. Por un lado, tendríamos el dimensional de las emociones y el de las discretas o específicas.

1- **Emociones dimensionales.** Aquellas que pueden expresar un gran número infinito de estados emocionales y proporcionan un esquema para delimitar similitudes y diferencias entre ellas. Se dividen en:

- **Emociones de tono hedónico negativo o desagradables,** que se experimentan cuando se bloquea una meta, se produce una amenaza o sucede una pérdida; estas también requieren la movilización de importantes recursos cognitivos y comportamentales que son empleados en la creación y elaboración de planes que resuelvan o alivien la situación dada.

- **Emociones de tono hedónico positivo o agradables,** que se experimentan cuando se alcanza una meta; de tal manera que en ellas es menos probable que se necesite la revisión de planes y otras operaciones cognitivas.

2- **Emociones discretas o específicas.** Son las que poseen características distintivas en alguno o varios de sus elementos. Se dividen en:

- **Emociones primarias.** Surgen en los primeros momentos de la vida, entre las que se incluyen la sorpresa, el asco, el miedo, la alegría, la tristeza y la ira.

- **Emociones secundarias.** Son llamadas sociales, morales o autoconscientes (culpa, vergüenza, orgullo, celos, arrogancia, entre otras). Aparecen en torno a los 2 años y medio o tres, como indican Fernández-Abascal et al. (2010). Son imprescindibles tres condiciones primarias para la aparición de estas emociones: La aparición de la identidad del sujeto, la interiorización de las normas sociales y situarse en un estatus social.

Visto lo anterior, cabría preguntarse si no hay más clasificaciones que las descritas. Pues, todo lo contrario, las emociones han sido clasificadas de muy diversas formas y agrupadas por diversas categorías a lo largo de la historia. Siguiendo, nuevamente a Fernández-Abascal (2010), las principales taxonomías se agrupan en categorías emocionales o se distribuyen según dimensiones, que serían las que se muestran en la siguiente tabla, aunque nosotros nos quedaremos con la clasificación de *positivas y negativas.*

CLASIFICACIÓN	DESCRIPCIÓN
Categoriales	Su origen se adentra en la filosofía hindú (siglos III-XI) que consideraba a la pasión sexual, la alegría, la tristeza, la ira, el miedo, la perseverancia, el asco, la admiración y la serenidad, como emociones naturales. Continúa con filósofos como: René Descartes (1596-1650) que reconociera al amor, el odio, la alegría, la tristeza y la admiración como pasiones y no como emociones. Baruch Spínoza (1632-1677) solo registra a la alegría, la pena y el deseo.
Dimensionales	Proceden de lo formulado por Wundt (1986) y por las investigaciones posteriores de Osgood, Succi y Tannenabaum (1957), sobre estudios de identificación de las dimensiones de la conducta emocional que encontraron dos dimensiones: La primera. Valencia emocional que sugiere que la conducta emocional se organiza entre lo positivo (alegría, amor) y lo negativo (tristeza, odio). La segunda. Que describe los estados emocionales. Activación (calmado, relajado). Alta activación (excitado, estimulado)
Otras tipologías	Las llamadas de afecto: Positivo-Negativo Las ortogonales: Activación-Desactivación

Tabla: 7. Distribución de las emociones según categorías o dimensiones

Por su parte, Bisquerra (2015), establece un mapa visual con 307 emociones, agrupadas en seis principales que articulan todo un mapa estelar formado por un prisma en el que sitúan a la alegría, amor y felicidad, como emociones positivas, en la parte superior y al miedo, ira y tristeza, como emociones negativas, en la parte inferior. Como bien dice este autor las emociones no son algo tangible ni estático, al contrario, están en continuo movimiento. De forma muy similar a lo que sucede en el universo, las emociones cambian, crecen, oscilan, viajan y se relacionan entre ellas. En ocasiones son casi imperceptibles, pero están ahí en un estado latente, y otras veces explotan. Las emociones son las que determinan nuestro estado anímico; las que hacen que seamos seres humanos únicos e irrepetibles.

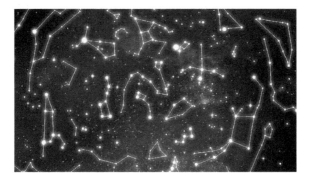

Figura: 6. Constelaciones

Para saber más sobre el tema mirar en:
http://universodeemociones.com/portfolio_page/amor/

Las emociones básicas

Cuando cumplimos los tres meses de vida, aproximadamente, configuramos un grupo de emociones, llamadas básicas, que son seis y vienen determinadas genéticamente en cada uno de nosotros. Estas son: la ira, el miedo, el asco, la tristeza, la sorpresa y la alegría. Para Fernández-Abascal (2015), la capacidad para poder disfrutar, en el ser humano, no viene programada en nuestro interior, es algo que debemos aprender y adquirir, según este autor. Además, indica que el hecho de que viniéramos programados para que a todos nos gustasen las mismas cosas sería un gran problema.

El afecto positivo no nace tan maduro como el afecto negativo; viene dado en potencialidad, como capacidad de aprender a disfrutar. Cada uno aprende a disfrutar de cosas distintas en función de su historia personal y no hay formas de disfrutar mejores que otras [...] según aumenta la edad vamos alejándonos de ese blanco y negro emocional y empezamos a apreciar muchos matices y riquezas intermedias. (pp. 17-18)

Por tanto, nuestros estados anímicos son consecuencia de las circunstancias sociales, culturales y personales de cada uno de nosotros. O sea, de nuestra experiencia. Las emociones negativas tienen una duración más prolongada, al contrario, pasa con las positivas. A continuación, y atendiendo a lo que Fernández-Abascal comenta, llevamos a cabo un cuadro dónde se relacionan diversas emociones y sentimientos frente a la que la equilibra.

PRINCIPALES EMOCIONES Y SENTIMIENTOS	
Emociones/Sentimientos positivos	Emociones/Sentimientos oponente
Alegría	Tristeza
Diversión	Aburrimiento
Entusiasmo	Apatía
Compasión	Ira
Gratitud	Deslealtad
Placer	Amargura
Esperanza	Inseguridad
Satisfacción	Frustración
Deseo	Inapetencia
Valor	Miedo
Orgullo	Vergüenza
Calma	Tensión
Vigor	Agotamiento
Amor	Antipatía

Tabla 8. Relación de emociones y sus oponentes reequilibradoras

Diferencias entre emociones positivas y negativas

Si tuviéramos que indicar alguna diferencia clara entre ambas, esta sería la respuesta inmediata para la supervivencia que tienen, para el ser humano, las emociones negativas. Es tan evidente esta afirmación que se complementa con la de Robert Sapolsky, neurólogo de la universidad de Standford, y que sintetiza Vecina (2006) en su artículo sobre emociones positivas.

El cuerpo utiliza toda la energía almacenada para activar los músculos apropiados, aumentar la tensión arterial para que la energía fluya más deprisa y desactivar todo tipo de proyecto a largo plazo [...] si te persigue un león, escoges otro día para ovular, retrasas la pubertad, ni se te ocurre crecer, ya digerirás más tarde, pospones la fabricación de anticuerpos para la noche... (p. 10)

Por tanto, si las emociones negativas con llevan un valor de supervivencia exclusiva para nuestras vidas, con respuestas emotivas muy específicas (p.e. tener miedo para poder huir) sus antagonistas, emociones positivas, vendrían a ser el contrapeso que regularía homeostáticamente el equilibrio entre ambas. Dicho de otra manera, las primeras nos darían unas pautas de comportamiento y actuación muy concretas y las segundas abrirían un amplio abanico en la forma de pensar y actuar. Pero como dice Aristóteles, en su obra Ética a Nicómano en Goleman (2000), el problema no radica en las emociones, en sí, sino en su conveniencia y en la oportunidad de su expresión. En esa línea argumentaria, Hernangómez (2000) expone, que no son las emociones negativas las que dan lugar a la depresión, sino la incapacidad para el placer (anhedonía) o ausencia frecuente de emociones positivas en los individuos, ya que podemos experimentar, o no, ambas emociones, siendo las personas más vulnerables a sufrir, esta patología, aquellas que no lo hacen en ningún sentido.

Emociones positivas	Neutras	Emociones negativas
Menos prolongadas en el tiempo Se alcanza una meta No es urgente movilizar recursos cognitivos para alcanzar la meta. Queda el recuerdo de prolongar sus efectos gratificantes	Poseen cualidades de ambas. Por ejemplo, la sorpresa	Más prolongadas en el tiempo No se alcanza una meta Urgente movilizar recursos cognitivos para alcanzar dicha meta

Tabla: 9. Diferencias entre emociones positivas y negativas

Por otro lado, y atendiendo a la dimensión motivacional de estas planteadas por Fernández-Abascal (2015), podemos indicar gráficamente como se distribuyen en los dos ejes de evitación y aproximación.

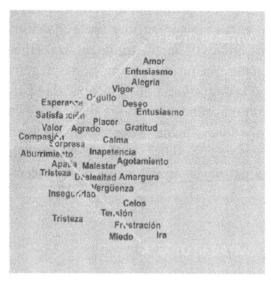

Figura: 7. Mapa emocional humano. (Fernández-Abascal, 2015, p.13)

Las emociones, los sentimientos y el dibujo infantil

Las emociones y los sentimientos pueden ser expresados de muy diversas formas como por ejemplo mediante el juego, la teatralización y/o el dibujo. Es en esta última forma en la que nos vamos a detener para realizar una breve aproximación por su importancia, a nuestro modo de ver, sin desmerecer a otras técnicas.

El dibujo es una de las actividades que más tenemos a mano para poder expresar sin palabras nuestro mundo interior, sobre todo en la edad infantil. Igualmente, es una de las que más llama la atención a los niños. Con solo un papel en blanco y unos lápices de colores las imágenes surgen de manera espontánea, incluso en adultos los garabatos y las figuras abstractas surgen en cualquier momento. El dibujo favorece el desarrollo de la imaginación y capacidades creativas, pero también implica el uso de funciones perceptivas complejas y de la memoria o la inteligencia espacial.

El arte infantil adquiere relevancia desde que, a partir de finales del siglo XIX, un amplio número de estudiosos se interesan por la riqueza plástica, semántica y proyectiva de  los dibujos infantiles, tal como indica Sáinz (2011), y del sentido propio que adquiere este nuevo concepto, según Hernández (citado en González, 2014).

Todo ello viene referido a tres ideas principales: a) la aparición del concepto de infancia, cuando se dota al niño de una identidad propia; b) el surgimiento de nuevas pedagogías apoyadas en los movimientos de renovación, con distintas formas de expresión en instituciones educativas, tales como la Escuela Nueva, la Escuela Moderna de Freinet, la Institución Libre de Enseñanza de Francisco Giner de los Ríos o los planteamientos pedagógicos de María Montessori; y c) por el resultado crítico de ciertos artistas plásticos de vanguardia, que descubren el valor de los dibujos infantiles, admirando determinados aspectos del hacer del niño, como la espontaneidad, la libertad creativa, la emotividad, la soltura del trazo o la despreocupación formal. (*Dibujo de la página proveniente de la colección privada del profesor Aureliano Sáinz*)

Muchos artistas consagrados, como Picasso, Matisse, Chagall o Klee, en las primeras décadas del siglo XX, descubrieron ese *arte infantil*, sorprendidos por la riqueza y la libertad creativa que encontraban en estos trabajos.

Así mismo, como indica Machón (2016), grandes psicólogos de finales del siglo XIX, como Wundt, Stern o Binet, advirtieron del interés que el estudio del dibujo infantil revestía para el conocimiento de la personalidad y el desarrollo del niño. Además, del interés que despertó este conocimiento, se generaron numerosos estudios desarrollados sobre las creaciones gráficas de las edades tempranas, desde diversos enfoques, como el *evolutivo*, *estructural*, *psicológico-proyectivo*, *psicopatológico* y *semiótico* (Sáinz, 2011).

Como muy bien argumenta Furth (2005), para llegar a conocernos tenemos que tomar consciencia de lo que se oculta en nuestro inconsciente. Así, nuestros temores, emociones, ideas instintivas nos vienen reveladas a través del lenguaje simbólico de los sueños y de los dibujos. Todo ello nos lleva a un crecimiento personal que al dibujar nos hace manifestar aspectos de nuestra personalidad. Ello nos ayuda a reconocer todas las fortalezas y debilidades que llevamos implícitas y que con la debida prudencia nos conduce al conocimiento de nosotros mismos y de los demás. De aquí la importancia del dibujo.

Para este curso que abordamos, en el que tratamos las emociones positivas y negativas, así como diversas formas de trabajar la inteligencia emocional, es de relevancia tener en cuenta esta técnica como un enfoque importantísimo a la hora de trabajar con el alumnado. Nuestro cometido no es profundizar en ella ni dar conocimientos acerca de su interpretación, pero sí darla a conocer para que sea tenida en cuenta a la hora de trabajar con nuestros estudiantes. Este es uno de los planteamientos que el profesor que imparte este curso lleva a cabo con su tesis doctoral sobre *las emociones y los sentimientos en los dibujos de los niños de primaria,* y que presentará en poco tiempo.

Dibujos planteados como el de la familia, dibújate a ti mismo, dibujo del árbol, etc., plantean muchos descubrimientos para acercarnos a emociones tan básicas como la autoestima, el amor, los celos o el duelo, por poner un ejemplo. A través de los escolares a través de estos grafismos, podemos encontrarnos con enfoques como el *evolutivo*, que nos informa de los cambios que se producen en los menores a medida que van creciendo; el *psicológico-*

proyectivo, que "a diferencia del lenguaje verbal, que contiene grandes dosis de racionalidad, al tener que traducir en palabras los sentimientos, el dibujo se presenta como un medio idóneo a través del cual, comunica racional y emotivamente" (Sáinz, 2011, p. 38); y el *semiótico*, en el que "psicología y expresión plástica se unen en el Dibujo Libre de Tema" (Sáinz, 2011, p. 39) como medio de expresión de las ideas y las emociones que portan los escolares.

Cuestionario. Tema 1

1- **Indica si la siguiente definición es verdadera o falsa:** Son procesos del aparato psíquico que nos permiten detectar acontecimientos importantes para nuestra vida y que nos preparan para responder ante ellos de la manera más adecuada y rápida posible.

    a. Verdadera

    b. Falsa

2- **Señala la respuesta correcta. Los componentes de las emociones son:**

    a. Experiencia subjetiva, Introversión, Afrontamiento y los cambios fisiológicos.

    b. Experiencia subjetiva, Expresión corporal, Afrontamiento y los cambios fisiológicos.

    c. Experiencia subjetiva, Extroversión, Afrontamiento y los cambios fisiológicos.

3- ¿Qué es lo que genera el comportamiento en una emoción?

   a. El sustrato neurobiológico de las emociones.
   b. El sustrato neurobiológico de las emociones ligadas al aprendizaje y su relación con la motivación.
   c. Ninguna es correcta

4- La secuencia del proceso emocional, atendiendo a lo que nos dicen Mestre y Guil (2012), sería la siguiente: primero se produce un estímulo o motivación, percepción, evaluación-valoración, sentimiento, respuesta fisiológica, orexis y expresión, o no, de las emociones.

   a. Verdadero.
   b. Falso.

5- La intensidad de la emoción y su duración es:

   a. Alta, baja
   b. Variable, larga
   c. Las dos son correctas

6- Las funciones de las emociones son:

   a. Adaptativa, Social y Cultural
   b. Adaptativa, Social y Cognitiva
   c. Adaptativa, Social y Motivacional

7- Las emociones primarias son:

    a. La sorpresa, el asco, el miedo, la alegría, la tristeza y la ira

    b. La sorpresa, el asco, el miedo, la satisfacción, la tristeza y la ira

    c. La sorpresa, el asco, la ansiedad, la alegría, la tristeza y la ira

8- Una diferencia fundamental entre las emociones positivas y las negativas es que las positivas son menos prolongadas en el tiempo que las negativas.

    a. Verdadero

    b. Falso

9- Según Sáinz, 2011, psicología y expresión plástica se unen en el Dibujo Libre de Tema como medio de expresión de las ideas y las emociones que portan los escolares.

    a. Verdadero

    b. Falso

10- ¿Qué tipo de dibujo plantearías para descubrir emociones básicas en el alumnado?

    a. Dibujo con acuarelas

    b. Dibujo dirigido

    c. Dibujo libre

TEMA 2. EDUCACIÓN EMOCIONAL. INTELIGENCIA EMOCIONAL

Subtemas:

- Introducción
- Concepto de Inteligencia Emocional
- Modelos
- Regulación emocional
- Educación emocional en las aulas

Introducción

Hablar del término inteligencia emocional es hablar de Peter Salovey y John Mayer que en 1990 publicaron un artículo donde utilizaban por vez primera este concepto. Sin embargo y tras años de olvido fue el psicólogo y periodista Daniel Goleman el que le dio popularidad tras la publicación de su libro –Inteligencia Emocional- (Goleman, 1995). Lo que hizo este autor fue redefinir, en palabras de Fernández-Abascal et al. (2011) el concepto en varias formas, bien en su primera formulación asociándolo con el carácter de la persona y en la segunda con un conjunto de competencias socioemocionales relacionadas con el éxito en el ámbito laboral. A partir de este momento, un aluvión de expertos hizo aproximaciones hacia dicho vocablo, llegando a elaborar diversos tipos de instrumentos para su evaluación (Bar-On, 1997; Cooper y Sawaf, 1997; Shapiro, 1997; Gottman, 1997).

Mucho antes de Salovey, Mayer o Goleman, ya encontramos en la historia a algunos conocedores de la importancia de este concepto. Entre ellos podemos destacar a Aristóteles con su ya célebre cita *"cualquiera puede enfadarse, eso es algo muy sencillo. Pero enfadarse con la persona adecuada, en el grado exacto, en el momento oportuno, con el propósito justo y del modo correcto, eso, ciertamente, no resulta tan sencillo"* Pero atendiendo a lo que muy bien dice Morgado (2018), el pionero en saber de la importancia de esta idea fue el emperador romano Marco Aurelio, apodado el sabio, quien escribió, en su obra – *Meditaciones-*, sobre las formas de ver las cosas y de la capacidad que tiene el ser humano para razonar y poder, así, modificar sus emociones.

Del mismo modo, el jesuita Baltasar Gracián (2018) escribió en el siglo XVII su obra *El arte de la prudencia* que viene a ser un sugerente texto o tratado sobre el concepto que estamos abordando sobre la inteligencia emocional.

La popularidad mediática que supuso el libro de Goleman vino a convertir el término IE en un producto comercial que nada tenía que ver con la primera propuesta de los creadores, que no era otra que la de entender la IE como una capacidad para procesar información relacionada con las emociones, en que ambos términos, inteligencia y emoción, son los elementos vertebradores de su trabajo. O sea, la habilidad para razonar sobre las emociones y la capacidad potencial de éstas para que mejoren y guíen el pensamiento (Mayer y Salovey, 1997 en Fernández-Abascal et al. 2011). Años más tarde, concretamente en 1997, Mayer y Salovey replantearon su modelo concibiendo la IE como el conjunto de habilidades, básicas y complejas, enfocadas a un entendimiento entre la razón y la emoción. En palabras de ambos, en Ruíz et al. (2013:19), sería:

> La habilidad para percibir, valorar y expresar emociones con exactitud; la habilidad para acceder y/o generar sentimientos que faciliten el pensamiento; la habilidad para comprender emociones y el conocimiento emocional, y la habilidad para regular las emociones promoviendo un crecimiento emocional e intelectual. (Mayer y Salovey, 1997; p. 10)

Desde la Psicología de la Emoción se entiende por IE al conocimiento tácito sobre el funcionamiento de las emociones, así como a la habilidad para usar esta en la propia vida, lo que confiere a estos sujetos tener una estructura de pensamiento flexible, alta autoestima hacia ellos y los demás, adaptar sus pensamientos a las distintas situaciones que se les planteen en la vida, estableciendo relaciones gratificantes y concediendo a los otros el beneficio de la duda (Salovey y Pizarro, 2003; Epstein, 1998 en Fernández-Abascal et al. 2010).

Otra definición es la que hacen desde la Asociación Elisabeth d´Ornano para el trastorno de déficit de atención e hiperactividad (www.elisabethornano.org) cuando afirman que el término inteligencia emocional se refiere a la capacidad para conocer y entender qué sentimos y qué sienten los otros, para poder así gestionar (modificar), y dominar (controlar), las emociones.

Actualmente, las investigaciones y los instrumentos para su correspondiente evaluación avanzan considerablemente. En este proceso podemos encontrar el trabajo que desarrolla la Universidad de Málaga, con su catedrático a la cabeza el Dr., en psicología Pablo Fernández-Berrocal, que tiene un máster propio sobre IE y han creado un laboratorio sobre emociones (http://emotional.intelligence.uma.es/) en el que desarrollan un sinfín de investigaciones al respecto, entre ellas el programa Intemo (Ruiz et al. 2013). Pero no hay que olvidar que el concepto (IE) viene a completar, como afirma De Andrés (2005), el concepto tradicional de inteligencia enfatizando las contribuciones emocionales, personales y sociales a la conducta inteligente.

Figura: 1. Capacidades de las personas con alta inteligencia emocional (Epstein, 1998)

Dentro de los modelos de IE que se han dado y para clarificar posturas al respecto establecemos un cuadro citado en Fernández-Abascal et al. (2011) en el que se aborda los contenidos teóricos de Mayer y Salovey (1997), Bar-On (1997) y Coleman (1995).

Maayer y Salovey (1997)	Bar-On (1997)	Goleman (1995)
Definición: IE es la habilidad para percibir, valorar y expresar emociones con exactitud, la habilidad para acceder y/o generar sentimientos que faciliten el pensamiento, para comprender emociones y razonar emocionalmente, y finalmente la habilidad para regular emociones propias y ajenas (Mayer y Salovey, 1997, p.10)	Definición: IE es un conjunto de capacidades no cognitivas, competencias y destrezas que influyen en nuestra habilidad para afrontar exitosamente las presiones y demandas ambientales (Bar-On, 1997, p. 14)	Definición: IE incluye autocontrol, entusiasmo, persistencia y la habilidad para motivarse a uno mismo... hay una palabra pasada de moda que engloba todo el abanico de destrezas que integran la IE

Maayer y Salovey (1997)	Bar-On (1997)	Goleman (1995)
Habilidades integrantes: -Percepción, evaluación y expresión de las emociones -Asimilación de las emociones en nuestro pensamiento -Comprensión y análisis de las emociones -Regulación reflexiva de las emociones	Habilidades integrantes: -Habilidades intrapersonales -Habilidades interpersonales -Adaptabilidad -Manejo del estrés -Estado anímico general	Habilidades integrantes: -Autoconciencia -Automanejo -Conciencia social -Manejo de las relaciones sociales
Tipos de modelo: Modelo de habilidad basado en el procesamiento emocional de la información	Tipos de modelo: Modelo mixto basado en habilidades emocionales y rasgos de personalidad	Tipos de modelo: Modelo mixto basado en competencias sociales y emocionales
Medida utilizada: Mayer, Salovey, Caruso Emotional Intelligence Test (MSCEIT)	Medida utilizada: BarOn EQ-i	Medida utilizada: Emotional Competence Inventory (ECI)

Tabla: 1. Modelos de inteligencia emocional.

Siguiendo con el mismo modelo teórico de Mayer y Salovey (1997) podemos ver a continuación las cuatro habilidades básicas fundamentales de la IE y sus diferentes subdimensiones.

REGULACIÓN DE LAS EMOCIONES			
Habilidad para estar abierto tanto a los estados emocionales positivos	Habilidad para reflexionar sobre las emociones y determinar la utilidad de su información	Habilidad para vigilar reflexivamente nuestras emociones y las de otros y reconocer su influencia	Habilidad para regular nuestras emociones y las de los demás sin minimizarlas o exagerarlas
COMPRENSIÓN Y ANÁLISIS DE LAS EMOCIONES: CONOCIMIENTO EMOCIONAL			
Habilidad para designar las diferentes emociones y reconocer las relaciones entre la palabra y el propio significado de la emoción	Habilidad para entender las relaciones entre las emociones y las diferentes situaciones a las que obedecen	Habilidad para comprender emociones complejas y/o sentimientos simultáneos de amor y odio	Habilidad para reconocer las transiciones de unos estados emocionales a otros
LA EMOCIÓN FACILITADORA DEL PENSAMIENTO			
Las emociones facilitan el pensamiento al dirigir la atención a la información importante	Las emociones pueden ser una ayuda al facilitar la formación de juicio y recuerdos respecto a emociones	Las variaciones emocionales cambian la perspectiva fomentando la consideración de múltiples puntos de vista	Los diferentes estados emocionales favorecen acercamientos específicos a los problemas; por ejemplo, la felicidad facilita un razonamiento inductivo

PERCEPCIÓN. EVALUACIÓN Y EXPRESIÓN DE LAS EMOCIONES			
Habilidad para identificar nuestras propias emociones	Habilidad para identificar emociones en otras personas, diseños, arte... a través del lenguaje, sonido...	Habilidad para expresar correctamente nuestros sentimientos y las necesidades asociadas a ellos	Habilidad para discriminar entre expresiones emocionales honestas y deshonestas

Tabla: 2. En Fernández-Abascal et al. (2011:235)

Concepto

La IE es la capacidad de entender, tomar conciencia y manejar nuestras emociones y las de terceras personas. Pero la definición del constructo inteligencia emocional ha acaparado la atención de los investigadores desde el artículo de Salovey y Mayer (1990). Según estos autores, la inteligencia emocional consistía en la habilidad de manejar los sentimientos y emociones, discriminar entre ellos y utilizar estos conocimientos para dirigir los propios pensamientos y acciones.

Ellos mismos fueron reformulando el concepto en sucesivas aportaciones (Mayer y Salovey, 1993, 1997; Mayer, Caruso y Salovey, 1999, 2001; Mayer, Salovey y Caruso, 2000). Una de las que se toman como referencia es la siguiente (Mayer y Salovey (1997)

> La inteligencia emocional incluye la habilidad de percibir con precisión, valorar y expresar emoción; la habilidad de acceder y/o generar sentimientos cuando facilitan pensamientos; la habilidad de comprender la emoción y el conocimiento emocional; y la habilidad para regular las emociones para promover crecimiento emocional e intelectual. (p.10)

En aportaciones posteriores, Mayer, Salovey y Caruso (2000) conciben la inteligencia emocional como un modelo de cuatro ramas interrelacionadas:

1) Percepción emocional: las emociones son percibidas y expresadas.

2) Integración emocional: Las emociones sentidas entran en el sistema cognitivo como señales que influencian la cognición (integración emoción cognición).

3) Comprensión emocional: Señales emocionales en relaciones interpersonales son comprendidas, lo cual tiene implicaciones para la misma relación; se consideran las implicaciones de las emociones, desde el sentimiento a su significado; esto significa comprender y razonar sobre las emociones.

4) Regulación emocional (emotional management): Los pensamientos promueven el crecimiento emocional, intelectual y personal.

Para Gardner (1993), es el potencial biopsicológico para procesar información que puede generarse en el contexto cultural para resolver los problemas. Por otro lado, la inteligencia emocional se convierte en una habilidad para procesar la información emocional que incluye la percepción, la asimilación, la comprensión y la dirección de las emociones (Mayer y Cobb, 2000).

El punto de vista de Goleman (1995) probablemente sea el que se haya difundido más. Recogiendo las aportaciones de Salovey y Mayer (1990), considera que la inteligencia emocional es:

1) Conocer las propias emociones: El principio de Sócrates *conócete a ti mismo* nos habla de esta pieza clave de la inteligencia emocional: tener conciencia de las propias emociones; reconocer un sentimiento en el momento en que ocurre.

Una incapacidad en este sentido nos deja a merced de las emociones incontroladas.

2) Manejar las emociones: La habilidad para manejar los propios sentimientos a fin de que se expresen de forma apropiada se fundamenta en la toma de conciencia de las propias emociones. La habilidad para suavizar expresiones de ira, furia o irritabilidad es fundamental en las relaciones interpersonales.

3) Motivarse a sí mismo: Una emoción tiende a impulsar una acción. Por eso las emociones y la motivación están íntimamente interrelacionados. Encaminar las emociones, y la motivación consecuente, hacia el logro de objetivos es esencial para prestar atención, automotivarse, manejarse y realizar actividades creativas.

El autocontrol emocional conlleva a demorar gratificaciones y dominar la impulsividad, lo cual suele estar presente en el logro de muchos objetivos. Las personas que poseen estas habilidades tienden a ser más productivas y efectivas en las actividades que emprenden.

4) Reconocer las emociones de los demás: El don de gentes fundamental es la empatía, la cual se basa en el conocimiento de las propias emociones. La empatía es el fundamento del altruismo.

Las personas empáticas sintonizan mejor con las sutiles señales que indican lo que los demás necesitan o desean. Esto las hace apropiadas para las profesiones de la ayuda y servicios en sentido amplio (profesores, orientadores, pedagogos, psicólogos, psicopedagogos, médicos, abogados, expertos en ventas, etc.).

5) Establecer relaciones: El arte de establecer buenas relaciones con los demás es, en gran medida, la habilidad de manejar sus emociones. La competencia social y las habilidades que conlleva son la base del liderazgo, popularidad y eficiencia interpersonal. Las personas que dominan estas habilidades sociales son capaces de interactuar de forma suave y efectiva con los demás.

Otros autores se han ocupado de definir el constructo de IE, entre los que están principalmente, Saarni (2000), Davies, Stankov y Roberts (1998), Epstein (1998), Bar-On (1997), Shutte et al. (1998). Algunos abogan por un marco amplio de la inteligencia emocional, en la cual incluyen todo lo que no queda contemplado en la inteligencia académica, como control del impulso, automotivación, relaciones sociales, etc. (Goleman, 1995; Bar-On, 1997, 2000). Otros se inclinan más por un concepto restrictivo de IE. En esta última postura están los que consideran que los conceptos científicos son específicos y restrictivos y que en la medida que dejan de serlo pasan a ser divulgaciones acientíficas. Mayer, Salovey y Caruso (2000) están en esa última postura.

La conclusión es que hay claras divergencias entre el concepto que se tiene de IE según los autores. El análisis de las definiciones aportadas por Salovey y Mayer (1990), Goleman (1995), Schutte, et al. (1998), Bar-On (1997, 2000), Saarni (2000), Mayer, Salovey y Caruso (2000), pone de manifiesto las discrepancias. Por otra parte, conviene recordar que las discrepancias sobre el concepto de inteligencia han estado presentes a lo largo de todo el siglo XX (Sternberg, 2000).

Las aportaciones de la neurociencia no permiten dirimir el litigio entre los dos modelos de IE (amplio o restrictivo). Sin embargo, estas investigaciones aportan evidencia que apoyan la existencia de una IE, entendida como un conjunto de habilidades que son distintas de las habilidades cognitivas o CI (Bechara, Tranel, Damasio, 2000).

No han faltado autores que han criticado la propuesta de una inteligencia emocional (Hedlund y Sternberg, 2000). Davies et al. (1998) a partir de una investigación empírica llegan a una conclusión crítica: tal vez el constructo de inteligencia emocional no sea realmente una aptitud mental. Estos autores se cuestionan que se pueda incluir en la tradición psicométrica de inteligencia. Los datos ponen de manifiesto la dificultad de operacionalizar la IE como un constructo diferente.

En contraposición, Mayer, Caruso y Salovey (2001) se han centrado en establecer las propiedades psicométricas del constructo IE. Su objetivo es demostrar que el MEIS (Multifactor Emotional Intelligence Scale) satisface los criterios para ser considerada una prueba psicométrica basada en un marco teórico. Concluyen que la inteligencia emocional se refiere a un *pensador con un corazón* («a thinker with a heart») que percibe, comprende y maneja relaciones sociales.

Desde el punto de vista de la psicología de la personalidad, la IE se puede considerar como un aspecto de la personalidad (McCrae, 2000). La discusión sobre el constructo de IE sigue abierto. Independientemente de los avances que se puedan producir en el campo teórico, las aplicaciones que de ello se derivan van en la dirección de la existencia de unas competencias emocionales que pueden ser aprendidas.

Modelos de Inteligencia Emocional

A partir de la literatura, se ha realizado una revisión de los principales modelos sobre IE. Éstos se han clasificado en modelos mixtos, modelos de habilidades y otros modelos que complementan a ambos.

A partir de la literatura, se ha realizado una revisión de los principales modelos sobre IE. Éstos se han clasificado en modelos mixtos, modelos de habilidades y otros modelos que complementan a ambos.

- **Modelos mixtos**. Entre los principales autores se encuentran Goleman (1995) y Bar-On (1997). Éstos incluyen rasgos de personalidad como el control del impulso, la motivación, la tolerancia a la frustración, el manejo del estrés, la ansiedad, la asertividad, la confianza y/o la persistencia. ^

- **Modelo de Goleman**. Establece la existencia de un Cociente Emocional (CE) que no se opone al Cociente Intelectual (CI) clásico, sino que ambos se complementan. Este complemento se manifiesta en las interrelaciones que se producen. Un ejemplo lo podemos observar entre las comparaciones de un individuo con un alto cociente intelectual, pero con poca capacidad de trabajo y otro individuo con un cociente intelectual medio y con alta capacidad de trabajo. Ambos pueden llegar al mismo fin, ya que ambos términos se complementan.

Los componentes que constituyen la IE según Goleman (1995) son: Conciencia de uno mismo, autorregulación, motivación, empatía y habilidades sociales.

- **Modelo de Bar-On**. Su tesis doctoral realizada en 1988, con el nombre de: "The developmnet of a concept of psychological well-being", constituyó la base de sus posteriores formulaciones sobre la IE (Bar-On, 1997) y su medida a través del inventario EQ-I (Bar-On Emotional Quotient Inventory).

El modelo está compuesto por diversos aspectos: componente intrapersonal, componente interpersonal, componente del estado de ánimo en general, componentes de adaptabilidad, componentes del manejo del estrés y, componente del estado de ánimo en general.

El modelo emplea la expresión "inteligencia emocional y social" haciendo referencia a las competencias sociales que se deben tener para desenvolverse en la vida. Según Bar-On (1997), la modificabilidad de la inteligencia emocional y social es superior a la inteligencia cognitiva.

- **Los modelos de habilidades**. Son los que fundamentan el constructo de IE en habilidades para el procesamiento de la información emocional. En este sentido, estos modelos no incluyen componentes de factores de personalidad, siendo el más relevante de estos modelos el de Salovey y Mayer (1990). Éstos postulan la existencia de una serie de habilidades cognitivas o destrezas de los lóbulos prefontales del neocórtex para percibir, evaluar, expresar, manejar y autorregular las emociones de un modo inteligente y adaptado al logro del bienestar, a partir de las normas sociales y los valores éticos.

- **El modelo de Salovey y Mayer**. Ha sido reformulado en sucesivas ocasiones desde que, en el 1990, Salovey y Mayer introdujeran la empatía como componente. En 1997 y en 2000, los autores realizan sus nuevas aportaciones, que han logrado una mejora del modelo hasta consolidarlo como uno de los modelos más utilizados y, por ende, uno de los más populares.

Las habilidades incluidas en el modelo son las siguientes: Percepción emocional, Facilitación emocional del pensamiento, comprensión emocional, dirección emocional y regulación reflexiva de las emociones para promover el crecimiento personal. En resumen, los autores, establecen una serie de habilidades internas del ser humano que ha de potenciar, en base a la práctica y la mejora continua.

- Otros modelos. Incluyen componentes de personalidad, habilidades cognitivas y otros factores de aportaciones de personales, que en algunos casos son fruto de constructos creados ad hoc con la finalidad de enfatizar el sentido popular y divulgativo del constructo inteligencia emocional. ^

Regulación emocional

Para Bisquerra (2015) la regulación emocional es:

> La capacidad para manejar las emociones de forma apropiada. Esto conlleva la toma de conciencia que supone la relación entre emoción, cognición y comportamiento; así como tener buenas estrategias de afrontamiento, capacidad para autogenerarse emociones positivas, etc.

Esta norma se configura en una serie de microcompetencias que son:

- Expresión emocional apropiada.- Es la capacidad para expresar las emociones de forma apropiada. Implica la habilidad para comprender que el estado emocional interno no necesita corresponder con la expresión externa. Esto se refiere tanto en uno mismo como en los demás. En niveles de mayor madurez, supone la comprensión del impacto que la propia expresión emocional y el propio comportamiento, puedan tener en otras personas. También incluye el hábito para tener esto en cuenta en el momento de relacionarse con otras personas.

- Regulación de emociones y sentimientos.- Es la regulación emocional propiamente dicha. Esto significa aceptar que los sentimientos y emociones a menudo deben ser regulados. Lo cual incluye: regulación de la impulsividad (ira, violencia, comportamientos de riesgo); tolerancia a la frustración para prevenir estados emocionales negativos (ira, estrés, ansiedad, depresión); perseverar en el logro de los objetivos a pesar de las dificultades; capacidad para diferir recompensas inmediatas a favor de otras más a largo plazo, pero de orden superior, etc.

- Habilidades de afrontamiento: Habilidad para afrontar retos y situaciones de conflicto, con las emociones que generan. Esto implica estrategias de autorregulación para gestionar la intensidad y la duración de los estados emocionales.

- Competencia para autogenerar emociones positivas.- Es la capacidad para autogenerarse y experimentar de forma voluntaria y consciente emociones positivas (alegría, amor, humor, fluir) y disfrutar de la vida. Capacidad para auto-gestionar el propio bienestar emocional en busca de una mejor calidad de vida.

Educación emocional en las aulas

La educación emocional puede definirse como una innovación educativa que responde a necesidades emocionales y sociales en la educación de las personas. La educación emocional es la que viene a vertebrar el desarrollo personal de los individuos, por lo que un buen manejo de las emociones puede ayudar a prevenir la depresión o la ansiedad, así como otro tipo de conflictos internos y externos de las personas. Se trata pues de enseñar al alumnado a conocer y reconocer las principales emociones básicas que se producen en nosotros, e incluso en otras personas, para así poder reaccionar ante dichas situaciones.

Debería ser el sistema educativo el que integrara la asignatura de educación emocional en su currículum, aunque lo esencial es cambiar la educación de este país. Por otro lado, como dicen Jiménez y López-Zafra (2009), ya va existiendo una conciencia en el mismo profesorado para la implantación de otros elementos importantes, aparte de los meramente académicos, para el bienestar emocional y el rendimiento de los estudiantes y la mejora de la convivencia escolar.

Por su parte, la psicóloga y especialista en musicoterapia e (IE) Begoña Ibarrola comenta que el sistema educativo estará cojo mientras no incorpore la IE y se forme en estos contenidos a los nuevos docentes para evitar muchos problemas de conducta (como acoso/bullying, conductas agresivas, etc.) y bajo rendimiento escolar entre otros. Del mismo modo señala su negativa a no considerar la variable de género como un factor que incida de una forma tan profunda en la adquisición de las competencias emocionales, más bien lo considera como una actitud personal.

Por su parte, Susana Cabrero entiende que la aplicación de la IE en la vida de las personas les ayuda a ser conscientes de sus pensamientos, sus emociones y sus comportamientos haciéndoles comprender y aprender a utilizar sus mentes para lograr un mayor autodominio emocional que les permita responder con la emoción apropiada a cada situación.

Todo ello, vienen a constatar que no solo es importante aplicarlo en el alumnado sino en el profesorado, como aluden varias investigaciones al respecto Cabello et al. (2010) y Pérez-Escoda et al. (2013), en el que la implantación de programas de educación emocional produce mejoras significativas en el profesorado, aumentando la difícil tarea de ser profesor en el siglo XXI. Estas mejoras responderían a adquirir mayor consciencia emocional, un pensamiento más regulador y una conducta o respuesta resolutoria ante la identificación emocional, dando un argumentario más rico y preciso a la hora de poner en prácticas estrategias de regulación para le mejora de las habilidades sociales de participación de ellos mismos y su alumnado. Igualmente, los estudios anteriormente citados, constatan una mejora en la percepción del clima institucional y una disminución del estrés en el profesorado que redundará en un menor desgaste personal. Por este motivo se hace necesaria una escuela, en palabras de Cabello et al. (2010), saludable, competente y feliz donde esto no será posible sin docentes emocionalmente inteligentes.

Siguiendo la misma línea argumental de antes, es necesario y posible un cambio de modelo del actual sistema educativo tradicional a otro más integrador que aúne lo intelectual y lo emocional como forma de un desarrollo personal del alumnado. Pero donde más claro queda de manifiesto la importancia de poner en práctica esta teoría en las aulas y en el mismo grupo social que nos representa a todos los humanos, es en el de las conclusiones del informe sobre Educación Emocional y Social a nivel internacional de la Fundación Botín (2013-2015). El profesor Christopher Clouder clarifica a la perfección, en la introducción de ambos informes internacionales la situación por la que atravesamos a nivel mundial en relación, a, este tema.

Como los educadores saben desde siempre, para el alumnado no es suficiente con dominar conocimientos y habilidades de razonamiento lógico en el sentido académico tradicional; deben además ser capaces de elegir y utilizar esas habilidades y conocimientos de forma útil fuera del contexto estructurado de la escuela y del laboratorio. Porque estas elecciones están basadas en la emoción y en el pensamiento emocional... Cuando los educadores no valoramos la importancia de las emociones de los estudiantes, estamos olvidando una fuerza fundamental del aprendizaje. Se podría decir de hecho que nos olvidamos del factor más importante del aprendizaje. (Immordino-Yang y Damasio, 2007)

Las conclusiones son claras, en materia de educación emocional y social como ya adelantaban en su momento Fernández-Berrocal y Ruiz (2008), se han desarrollado políticas que van en sentido contrario a lo que se debería de haber desarrollado y se basan en resultados competitivos y sistemas impersonales. Pero, por otro lado, lo que se ha podido lograr de manera positiva se debe principalmente al compromiso de algunas comunidades escolares, a los profesionales suficientemente comprometidos y a otras circunstancias particulares.

Qué hay que tener en cuenta a la hora de ponerlas en práctica

- En primer lugar, hay que tener un conocimiento previo y práctico de lo que en el anterior capítulo expusimos. Conocer las emociones básicas y su funcionamiento.

- Otro aspecto es el de aprender a reconocerlas en nosotros y en los demás. Este es un aspecto que no se ha enseñado nunca en la infancia y la adolescencia.

- Las emociones que sintamos deben de ser sentidas, permitidas y reconocidas, ya que son involuntarias e inconscientes. No tenemos control sobre ellas. Sólo se puede gestionar las conductas que aparecen después de sentirlas. Sentir miedo es inevitable, no lo puedo controlar. Lo que sí gestiono es el quedarme petrificado, el salir corriendo o el gritar.

- Por último, es importante llevar a cabo una evaluación personal sobre lo que me está pasando y sacar un aprendizaje de lo que me ha pasado, sentido, cómo he actuado y cómo debería hacerlo la próxima vez. Hay que tener en cuenta que tener una buena gestión emocional nos capacita para el éxito y las relaciones sociales. Dentro de las habilidades emocionales que se mejoran están la autoestima, la empatía, la automotivación, la asertividad, etc.

El reto es grande para preparar a nuestras próximas generaciones con una educación relevante que les haga ser ciudadanos del futuro, aunque ese porvenir no esté muy claro y ese reto tampoco. Una Educación para lo inesperado, como dice Christopher Clouder en dicho informe, es lo necesario. Un aprendizaje enriquecedor e innovador que haga adquirir más competencias para afrontar las incertidumbres de las que hemos hablado. Lo cierto es que los datos mandan y ante el informe PISA y otras valoraciones mensurables que no arrojaban buenos datos a nivel escolar en algunos países, como el nuestro, lo que hemos hecho es pensar que –*tiempo pasado fue mejor*– y automáticamente introducimos aquellos modelos trasnochados, que parecieron buenos en su momento, y nos refugiamos en ellos como salvavidas ante la indefensión en la que nos encontramos de no saber muy a ciencia cierta cuál es el camino.

Las dificultades y retos que están por venir son, sin duda, difíciles ya que deberemos enfrenarnos a elementos o fuerzas perturbadoras, como dice Clouder, que ya están aquí y que son recogidas por el pronóstico de Tareas del Conocimiento (Recombinant Education. KnowledgeWorks. Creative Commons licence. 2012), entre ellas:

- Iniciativas de negocio democratizadas (star-ups). Que aportarán innovaciones sociales disruptivas como el acceso abierto al conocimiento para la puesta en marcha de iniciativas de negocios en las que las competencias y las redes serán de suma importancia.

- Una vida en alta fidelidad. Que nos hará accederé a un sinfín de información con la que podremos dar sentido a muchas de nuestras inquietudes interactuando con el mundo.

- La producción des-institucionalizada. Las actividades humanas serán cada vez más independientes de las instituciones (ad-hoc) más dinámicas y de trabajo en red.

- Redes valiosas adaptables. La versatilidad creativa de las personas a través de los nuevos modelos de negocio, harán que aparezcan nuevas formas de interrelación social.

- Ciudades compartidas. Donde la arquitectura urbana se adaptará a una nueva mejora de conexión entre sus infraestructuras y sus habitantes.

Hay un nuevo tiempo y desafío. El cambio del paradigma educativo es imparable para adaptarlo a los nuevos tiempos. Pero no solo el sistema educativo, sino la ciudadanía como pieza clave para entenderlo y elementos primordiales motivados para alcanzar un estadio intelectual en el nuevo mundo de oportunidades que están por descubrir en sus vidas. Lo preocupante es que nada de esto se ha previsto, ni se tiene en cuenta a la hora de que se pueda producir el efecto contrario y nos encontremos en un callejón sin salida del que no podamos salir.

Por otro lado, como así lo indica Honoré (2009a) nos encontramos en un período de cambio o bajo presión en el que hemos acortado los tiempos biológicos y la infancia es un período tan corto que no damos tiempo a cosas tan básicas como el juego o el asombro y preparamos casi de inmediato para la edad adulta. Una aberración bajo nuestro punto de vista. Tal vez como apunta Honoré (2009b), en su elogio de la lentitud, ir más despacio es ir más rápido para dejar de ser esclavos del tiempo y conseguir una educación buena y de calidad ante los nuevos retos que se plantean. No debemos de olvidar algo tan básico, como dice L´Ecuyer (2012), como el asombro para nuestro aprendizaje, sin olvidar al grupo como parte integrante en ese conocimiento intelectual, así como la satisfacción que provoca adquirir conocimiento fuera de la escuela, haciendo más felices en el aprendizaje a aquellos que tienen una base de motivación intrínseca por aprender.

Siguiendo la línea de argumentación de Honoré, L´Ecuyer y Clouder, en la que estamos atrapados por el tiempo en un estado constante de presiones para ser mejores que los que están a un lado y otro de nosotros, por las constantes ambiciones políticas de turno en las que el resultado académico se mide únicamente por unas habilidades cognitivas demostradas mediante unos exámenes.

Podemos decir que debemos de dejar de mirarnos como números y darnos respuestas más lógicas para no correr el riesgo de perder otras esencias que confluyen en las personas. Para ello habría que hacerse preguntas como las planteadas por Clouder en su informe, antes mencionado.

- ¿Es una herejía sugerir que la escuela deber ser divertida al mismo tiempo que un reto?

- ¿Qué aprender a aprender como un fin en sí mismo crea una actitud positiva hacia uno mismo y hacia el mundo?

- ¿Qué las escuelas también deben ser lugares de aprendizaje social que abran nuestras mentes a otras personas y formas?

- ¿Qué en el proceso de desarrollo no debemos avergonzarnos de nuestras imperfecciones?

El darnos respuestas es lo que a la postre nos hará desarrollar valores sociales tales como el respeto, la honestidad, la compasión y la dignidad, por citar algunos, esto comienza en la infancia y en la escuela, pero no con programas repetitivos para obtener exclusivamente buenos resultados en los exámenes. Hay que dejar fluir como ya apuntamos en el apartado de psicología positiva, algo que investigó Csikszentmihalyi (1997). El juego o incluso el dibujo, son piezas clave en ese proceso pues aporta habilidades que se ponen de manifiesto de manera evidente y que pueden ayudarles a observar, comprender y entender las emociones, aunque estas tendrían que ser enseñadas y gestionadas de manera eficaz por los adultos como forma de intervenir y mediar en ese nuevo proceso educativo que les proporcione una buena salud emocional.

Otro importante tema es el de la gestión de las emociones por parte del profesorado que se ha convertido en un mero rendidor de cuentas a la sociedad y a las familias. Se ha dejado de lado su emocionalidad, ya que no debemos olvidar que al ser seres sociales e interaccionar de esta manera unos con otros, la calidad emocional del profesorado influye de manera decisiva en el desarrollo y bienestar del alumnado. Por tanto, se hace necesaria igualmente una profunda transformación educativa de este sector de la educación.

El futuro no es algo que ocurre, sino algo que se construye (que se construye según nuestras elecciones, o nuestra incapacidad para elegir...) (Clouder, 2013) y en el que nos viene las herramientas emocionales y sociales (empatía, atención, tolerancia, responsabilidad, creatividad, imaginación...) van hacer claves y determinantes en el devenir de las próximas generaciones que corren el riesgo (Clouder, 2015) de apartarse del mundo real para vivir en uno automatizado a través de pantallas, algoritmos e interfaces. Por lo tanto, se hace necesario llevar a cabo un nuevo marco educativo en el que mantengamos conectados a la realidad a los individuos e intentar no caer en la irrelevancia y el cinismo.

Cuestionario. Tema 2

1- **Entenderíamos, como correcto o no, que en la educación emocional en las aulas** *el juego o incluso el dibujo, no son piezas clave en ese proceso pues aportan habilidades que se no se ponen de manifiesto de manera evidente y que no pueden ayudarles a observar, comprender y entender las emociones, aunque estas tendrían que ser enseñadas y gestionadas de manera eficaz por los adultos como forma de intervenir y mediar en ese nuevo proceso educativo que les proporcione una buena salud emocional.*

    a. Correcto

    b. Incorrecto

2- En palabras de Rafael Bisquerra la educación emocional es:

    a. la que viene a vertebrar el desarrollo personal de los individuos, por lo que un buen manejo de las emociones puede ayudar a prevenir la depresión o la ansiedad, así como otro tipo de conflictos internos y externos de las personas.

    b. la que viene a vertebrar el desarrollo personal de los individuos, por lo que, un buen manejo de las emociones, no pueden, ayudar a prevenir la depresión o la ansiedad, así como otro tipo de conflictos internos y externos de las personas.

    c. Ambas son correctas.

3- La regulación emocional, según Bizquerra, sería la capacidad para manejar las emociones de forma apropiada

a. Verdadero

b. Falso

4- Las microcompetencias que configuran la regulación emocional son:

a. Competencias para autogenerar emociones positivas, expresión emocional apropiada, regulación de emociones y sentimientos, habilidades de afrontamiento.

b. Expresión emocional apropiada, regulación de emociones y sentimientos, habilidades de afrontamiento y competencias para autogenerar emociones positivas.

c. Ambas son correctas.

5- Las habilidades incluidas en el modelo de Salovey Mayer son:

a. Percepción emocional, facilitación emocional del pensamiento, comprensión emocional, dirección emocional y regulación reflexiva de las emociones para promover el crecimiento personal.

b. Percepción emocional, Empatía, comprensión emocional, dirección emocional y regulación reflexiva de las emociones para promover el crecimiento personal.

c. Ninguna es correcta.

6- Según Mayer y Salovey (1997) la inteligencia emocional incluye:

a. La habilidad de percibir con precisión, valorar y expresar emoción, la habilidad de acceder y/o generar sentimientos cuando facilitan pensamientos, la habilidad de comprender la emoción y el conocimiento emocional y la habilidad para regular las emociones para promover crecimiento emocional e intelectual.

b. La habilidad de percibir, valorar y expresar emociones.

c. La habilidad de percibir con precisión, valorar y expresar emociones, así como la habilidad de acceder y/o generar sentimientos cuando facilitan pensamientos.

7- El autocontrol emocional conlleva a demorar gratificaciones y dominar la impulsividad. Las personas que poseen estas habilidades tienden a:

a. Ser menos productivas y efectivas en las actividades que emprenden.

b. Ser más productivas y efectivas en las actividades que emprenden.

c. Ninguna de las dos anteriores es correcta.

8. Las personas empáticas sintonizan mejor con las sutiles señales que indican lo que los demás necesitan o desean. ¿Para qué tipo de profesionales las hace más apropiadas?

d. Profesores.

e. Expertos en ventas.

f. Ambas son correctas.

TEMA 3. EL PROCESO EDUCATIVO DE LA EDUCACIÓN EMOCIONAL EN EL AULA

Subtemas:

- Introducción
- Adaptamos nuestra aula
- Preparamos nuestra clase
- ¿Cómo debe prepararse el profesorado?
- Competencias emocionales del alumnado
- La motivación
- Neuroeducación

Adaptamos nuestra aula

Una de las muchas formas de organizar nuestra aula podría ser la siguiente:

1. Zona de organización del trabajo. Esta primera zona se llevará a cabo de forma asamblearia y en ella analizaremos cómo ha ido el día, que trabajo pendiente tienen y cómo se van a organizar durante la tarde.

2. Zona de realización de ejercicios de clase. En esta zona se colocará el alumnado que tiene que llevar a cabo sus ejercicios de clase.

3. Zona de estudio y exámenes. Este rincón se establece para los que tienen que preparar exámenes al día siguiente o de manera inmediata.

4. Zona de juegos, lectura y trabajos manuales. En este lugar tendrán cabida el alumnado que haya realizado todos sus trabajos y quiera desconectar un poco de la rutina. Normalmente se utilizará en la última hora de clase.

Así mismo, existirá un panel en la pared dónde cada uno colocará con papeles amarillos autopegables su organización diaria de trabajo.

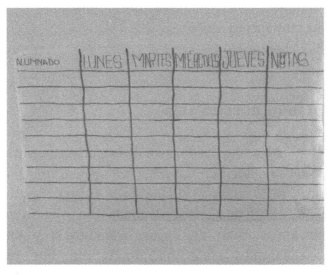

Figura 1. Organigrama de tareas diarias en clase

También, tendrán un planin mensual dónde irán anotando las fechas de sus exámenes.

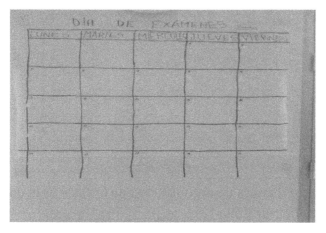

Figura 2. Organigrama mensual de exámenes

La clase se puede transformar en dos formas claramente diferenciadoras de organización del alumnado:

1. Sesión de debates por grupos.

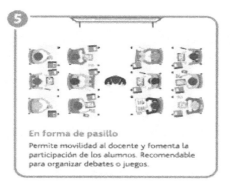

Figura 3

2. Sesión en círculo o en U para clases magistrales sobre temas generales para todo el grupo.

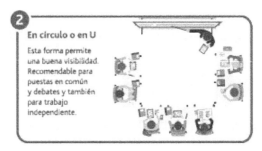

Figura 4

Otra manera de organización de la clase es la que propone César Bona

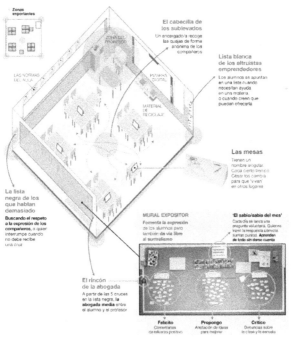

Figura 5

Por otro lado, y como indica Guillén (2017), se ha podido comprobar empíricamente que el alumnado que trabaja en actividades cooperativas, bien diseñadas, libera dopamina en el organismo favoreciendo el aprendizaje. Esas interacciones sociales en clase, con buenas metodologías de trabajo en grupo fomentan la participación de nuestro alumnado en mayor medida para alcanzar metas comunes. Para esto hay que conformar grupos pequeños de 2-4 miembros (mejor siempre pares), que como este autor dice optimizan el aprendizaje propio y el de los demás. Todo requiere, al mismo tiempo, una distribución del aula para facilitar los intercambios comunicativos entre los estudiantes, por lo que propone la siguiente colocación de mesas.

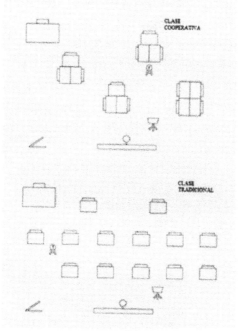

Figura 6. Guillén, 2017

Preparamos nuestra clase

Llevar a cabo la preparación de una clase sobre emociones o IE es un trabajo personal y exclusivo del profesorado en, relación a las características propias del contexto social y educativo en el que se encuentra ubicado este profesional. Además, también influye el tipo de alumnado que se tenga. Por tanto, no es cuestión de decir cómo se ha de hacer, sino de animar a hacerlo.

La construcción de ese proyecto debe de realizarse de una manera coordinada con todo el centro y en diferentes niveles. Como propuesta para tener una idea más clara de lo que venimos diciendo se recomendaría a modo de ejemplo la del trabajo de Neus Barba Roldán con su trabajo de grado titulado -Propuesta de intervención para trabajar la educación emocional en educación infantil- en la Universidad Internacional de la Rioja.

Nuestra sociedad actual y educativa tiene una tarea pendiente que continuamente se está repitiendo con mayor fuerza. Nos estamos refiriendo a la educación emocional. Salir del analfabetismo emocional en el que nos encontramos a través de un sistema educativo que plantee un proyecto serie y con estrategias lo suficientemente útiles y eficaces para desarrollo.

Entre los objetivos que deberían plantearse podríamos encontrar el lograr alcanzar un conocimiento propio de lo que nos ocurre interiormente cuando nos enfrentamos a situaciones externas. Conseguir ser empáticos con los demás para apreciar las emociones ajenas. Tener las habilidades necesarias para el control emocional y alcanzar estados emotivos positivos, entre otros.

Estos planteamientos deberían llevarnos al logro de aumentar las habilidades sociales en nuestro alumnado para que pudieran tener unas satisfactorias relaciones interpersonales. Una mejora de su propia autoestima, mayor motivación, reducción de situaciones violentas, antisociales, disruptivas y negativas en clase y en aula.

Y todo ello por una sencilla razón. Si atendemos al objetivo de situación en el que nos movemos a nivel orientativo en la escuela, podemos apreciar que el trabajo que llevamos a cabo con nuestro alumnado va encaminado a orientarlos en ese proceso de enseñanza-aprendizaje que estamos hartos de repetir, atendiendo a la diversidad que nos encontramos y enfocándolos hacia una perspectiva de prevención y desarrollo personal y grupal dónde incluiríamos esas competencias sociales, de autoestima, de control emocional, etc., que entran dentro de lo que venimos denominado I.E.

Ahora, y sin que cunda el pánico, sería un buen momento para que llevaras a cabo la realización de un ejercicio básico que te podría servir para tu planificación futura o presente a la hora de intervenir y proponer un proyecto de Educación Emocional o de Inteligencia Emocional en el aula.

Elabora una propuesta de intervención para Primaria o Secundaria, tal y como has visto en el ejemplo que te he incluido anteriormente.

¡Ánimo!

¿Cómo debe prepararse el profesorado?

La educación y el modelo educativo en España, con tantos cambios de leyes, viene siendo objeto de críticas por muchos motivos en los últimos años. Así mismo los resultados del Informe Pisa – del que habría mucho que matizar- nos sitúan cada año en una posición nada aceptable. Todo esto añadido a los grandes avances en neuroeducación e IE, hacen que las ventajas aportadas lleven a la formación del profesorado y al desarrollo de una serie de ventajas necesarias para su implantación en las aulas, ya que hay que tener en cuenta que:

- Potencia el desarrollo de las competencias emocionales.

- Predice el bienestar psicológico general de las personas o el éxito en la vida,

- Capacita para afrontar mejor los retos de la vida

- Su carencia causa una serie de perjuicios negativos en el alumnado (Baja autoestima, frustración, etc.)

Existe una clara vinculación entre IE del alumno y su conducta social, personal y académica. Debido al efecto imitación -no solo del alumno hacia sus educadores sino también hacia sus padres, tutores, etc.- el éxito del docente, actualmente, no se limita al logro académico de sus alumnos, sino que se tiene muy en cuenta el desarrollo de estos como personas integradas en la sociedad con herramientas tanto sociales como emocionales. Un ejemplo de esto es el método **JUMP Math** que proporciona al docente una secuenciación de contenidos para profundizar en temas matemáticos para aplicar en el aula.

La inteligencia emocional es algo de suma importancia en el profesorado actual, es una habilidad que debe adquirir y desarrollar con el mismo y con su alumnado para optimizar el proceso de enseñanza-aprendizaje. De hecho, cuando hablamos del profesorado que nos marcó y nos dejó huella en nuestra etapa escolar solemos decir que: me atendía, me escuchaba, me motivaba, me mostraba respeto, venía cuando lo necesitaba, así un largo etc. En una palabra, era una persona que a nivel social y emotivo sabía estar y ganarse al alumnado.

El profesorado emocionalmente inteligente, debe ser lo más competente posible para gestionar el aula, o sea, tener las capacidades de gestión necesarias para dirigir eficazmente su aula y a sus alumnados bajo el gran paraguas de sus competencias profesionales.

Esas competencias, de las que hablamos, deben de adquirirlas el profesorado mediante la formación continua y reiterada en el desarrollo socio-emocional de su profesión, porque, además de beneficiar a sus estudiantes, se puede hacer frente mucho mejor al estrés laboral y predecir el nivel de *Burnout* y la consiguiente fatiga crónica, ineficacia o negación de lo ocurrido. Si los profesores aumentan la experimentación de emociones positivas, esto da lugar a un clima de ayuda al aprendizaje, al bienestar y la felicidad del alumnado. Por tanto, los beneficios para el docente serían:

1. Recursos y herramientas para lograr alumnos más emocionalmente preparados.

2. Un clima favorable a un aumento del aprendizaje.

3. Mejor afrontamiento del estrés y el *síndrome de Burnout*.

4. Expresión y mejor evaluación de las emociones para un mayor autoconocimiento.

5. Mayor consciencia de las emociones propias y las de los demás para darles nombre.

6. Progreso en habilidades emocionales para la vida personal.

En consecuencia, después de ver la importancia que tiene la IE a nivel personal y profesional del profesorado, podemos decir que lo que caracteriza al docente emocionalmente inteligente es que:

- Asume su rol formador de personas, y la importancia de ser un modelo fundamental de inteligencia emocional para su alumnado.

- Ama y valora a su alumnado como personas en pleno desarrollo personal.

- Es capaz de llevar a cabo una evaluación personal de sus estados emocionales

- Entiende que debe de reciclarse continuamente, adaptándose a los nuevos tiempos.

- Integra, aprende y resuelve situaciones de conflictos entre su alumnado

- Indaga y se preocupa más afondo sobre su alumnado y sus situaciones personales

- Reconoce las actitudes desarrolladas por sus estudiantes en relación, al desarrollo emocional de los mismos.

- Acoge, entiende e intenta empatizar con las situaciones emocionales de su alumnado.

- Respeta el ritmo de aprendizaje de sus estudiantes. Los ayuda a crecer como personas críticas y emocionalmente inteligentes.

Competencias emocionales del alumnado

Ya hemos comentado, anteriormente, que la educación emocional debería ser una parte importantísima de la educación integral del alumnado, dado que engloba habilidades sociales, socio-emocionales, interpersonales, etc. Por otro lado, se comprueba en multitud de programas de intervención que mejoran dichas habilidades, así como su desempeño escolar, la empatía, la comunicación, el autocontrol o la asertividad, entre otras.

Entre las características que podemos mejorar, a la hora de implementar un buen trabajo, con nuestro alumnado y así dotarlo de unas competencias emocionales adecuadas, encontraríamos las de un afecto más positivo hacia las dificultades y los retos que se les plantee, una mejor autoestima personal, menos problemas disruptivos o de conducta en clase, una mejora en su vida, una mejora para la resolución de conflictos, mayor empatía, etc.

La motivación

El termino motivación procede del verbo latino *moveré* que significa moverse y al igual que indican Pintrich y Schunk (2006) en Bonetto & Calderón (2014), como en Marina (2011), diremos que es el deseo que nos mueve hacía la acción de nuestros objetivos o metas planteadas. Para Fernández-Abascal (2015) viene a ser el proceso multideterminado que energetiza y direcciona el comportamiento.

En cuanto a las metas u objetivos que nos proponemos pueden estar claros o no en nosotros, pero vienen a significar puntos de llegada hacia dónde queremos estar. Pero, aun así, este término está establecido por muchos otros sinónimos que lo complementan, entre ellos el deseo, que no deja de ser la conciencia de una necesidad, falta, carencia o anticipación de un premio (Marina, 2011), además de ser el desencadenante de conductas de búsqueda.

Como ya escribieron otros autores, Aristóteles, Spinoza o San Agustín, según Marina (2011), la esencia del ser humano es su gran deseo o su inteligencia por desear o conseguir retos. No dejamos de ser lo que amamos, por eso lo que conforma nuestra personalidad no es, sino el conjunto de esos deseos o metas que cada uno de nosotros queremos alcanzar. Pero la duda que asalta es:

¿Qué es lo que nos estimula a llevar a cabo una meta?

En primer lugar, deberíamos tener en cuenta que es lo que configura el esqueleto elemental de una acción, porqué hay cosas que despiertan en nosotros el interés y otras no. Lo que solemos hacer es evaluarlas atendiendo a nuestras preferencias o gustos, así nuestra reacción podrá ser aversiva o atractiva hacia ella.

Pero atendiendo a la pregunta anterior, podríamos decir que son tres componentes esenciales los que nos estimulan a la hora de tener interés por alguna cosa. Como bien indica nuevamente Marina, intensificar el deseo se produce por el aumento de la necesidad de esa cosa, haciéndola más atractiva y favoreciendo su uso. De forma esquemática quedaría de la siguiente manera:

Motivación = Deseo + Valor del objetivo + Facilitadores de la tarea

Siempre que debamos motivar a nuestro alumnado deberemos trabajar o incidir sobre alguno de estos elementos para facilitar que la ecuación se cumpla.

Igualmente hay que decir que no todos nos motivamos de la misma forma. Por tanto, debemos tener en cuenta, como así lo explicitan Carretero, 2009; Monereo y Pozo, 2003 en Bonetto & Calderón, 2014, que existen dos tipos de motivación: las que tienen que ver con las cuestiones externas (extrínseca) y las que tienen que ver con los aspectos internos de quien aprende (intrínsecas). Ambas no son oponentes, sino que se combinan para alcanzar la meta deseada. En consecuencia, todas estas cuestiones internas-externas establecen en nosotros unas creencias de autoeficacia que son las que nos pueden ayudar a favorecer nuestro aprendizaje o hacer que tengamos más dificultades para llevar a cabo un cambio conceptual en nosotros y nos aleje del propósito que queremos conseguir. Por tanto, y siguiendo nuevamente a Marina

- Si la meta es interesante, es decir, si enlaza con alguno de nuestros intereses se produce el deseo.
- Si se presenta de una manera atractiva, incrementamos su valor e incentivo para aprenderla.
- Por último, si la tarea se adapta al nivel del alumnado y se le da las herramientas apropiadas para hacerlo y alcanzarlo, entonces favorecemos las circunstancias que lo facilitan.

Como podemos ver las emociones están detrás de todo ello, según la forma de indagación y penetración en sus intereses se podrá completar la ecuación anterior. De entrada, hay que comentar que todo esto es teoría, que la verdadera dificultad está en la práctica. Pero para eso solo se necesita practicar, y eso solo lo puede hacer uno mismo sin tanta teoría. Así que os animamos a poner en práctica estos descubrimientos.

En resumen:

- Tener en cuenta la ecuación de la motivación: Deseo + Valor del objetivo + Facilitadores de la tarea.
- Fomentar adecuadamente la motivación en nuestro alumnado.
- Trabajar sobre los deseos, incentivos y los elementos facilitadores que a continuación detallamos y que son extraídos del trabajo de Marina (2011)
  - Deseos: hambre, sed, sexo, comodidad, ser amado, ser reconocido, sentir que se puede, otros.
  - Incentivos: comida, bebida, sexo, dinero, vacaciones, fama, cargos importantes, otros.
  - Facilitadores: perspectivas que nos den seguridad para conseguir o alcanzar las metas propuestas, así como fortalecer los sentimientos positivos para llegar a ellas. Por otro lado establecer estrategias o itinerarios que nos lleven a alcanzar lo propuesto, otros.
  - Utilización de recursos educativos como premios, sanciones, modelos, selección de información y cambio de creencias, cambio de sentimientos, razonamiento, entrenamiento y la eliminación de obstáculos que dificulten la consecución de la meta deseada.

No olvidar

Que el ser humano, en su conjunto, y en consecuencia nuestro alumnado se mueve por deseos o motivos personales, descubrirlos es nuestro cometido para acercarlos al conocimiento crítico y por ende a la consecución de espíritus libres. Y que según Marina (2011) estos son: El deseo de bienestar propio, el de relacionarnos socialmente, ser aceptados y formar parte de un grupo. El último, el de ampliar las posibilidades de acción reafirmando nuestro –yo-

Neuroeducación

Como hablábamos, en el apartado anterior, hay una serie de claves que nos llevan al interés por las cosas y una de ellas es una nueva forma de enseñar desde las nuevas teorías de entender el funcionamiento de nuestro cerebro. Muchos autores, entre ellos L´ecuyer (2013), han descubierto en el asombro y la curiosidad, el *santo grial* hacia la atención, la memoria, el aprendizaje y el cambio conceptual de las cosas. Igualmente, debemos de ser conscientes de que, como *seres sociales que somos*, nuestro cerebro está aprendiendo desde el mismo momento en que nacemos e incluso, tal vez, antes. Esta plasticidad de que gozamos es la que nos permite aprender y desaprender como una forma vital de supervivencia.

La neuroeducación es aquella disciplina en la que se estudia el funcionamiento del cerebro en los procesos de enseñanza y aprendizaje que todos los seres humanos tenemos, permitiendo entender la evolución educativa desde la emoción como punto de partida en todo este aprendizaje.

Somos conscientes de que la educación transforma al ser humano y que un buen aporte de ella hace que el cerebro tenga una serie de cambios profundos que le ayudarán en esa metamorfosis. De igual manera, unas infraestructuras (neuroarquitectura) y materiales adecuados, a los nuevos tiempos, la amplifican mucho más. Y ya no digamos unas buenas políticas educativas que vayan encaminadas a crear personas libres, críticas y buenas. Una atención individualizada y de atención a la diversidad, también se hacen necesarias en nuestro sistema escolar.

Pero partiendo de esta premisa, hay que decir que la neuroeducación viene a ser, como indica Mora (2017), una visión de la instrucción y la educación basada en los conocimientos que hemos ido descubriendo sobre el funcionamiento del cerebro. A partir de aquí hacer una mejora en todos los procesos de aprendizaje del alumnado y del profesorado.

La neuroeducación, según el autor anterior, trata de encontrar utilidad a los descubrimientos, sobre las emociones, la curiosidad o la atención, de la neurociencia para que, éstos, puedan ser aplicados en el entorno escolar (aulas). Y es que si hay algo que abre la puerta al interés son las emociones, como hemos dicho. Además, con estos nuevos hallazgos nos aproximamos más al entendimiento y mejora de habilidades, talentos y detección de déficit que afectan a muchos estudiantes.

Partiendo de la plasticidad que tiene nuestro cerebro, podemos afirmar que es capaz de ser modificado para que pueda aprender a cualquier edad. Y, en resumen, habría que señalar que la neuroeducación se orienta hacia la utilización de herramientas prácticas que sirvan, para dotar de la manera más eficiente, a la educación y para la detección de problemas neurológicos y psicológicos que impidan el aprendizaje, haciendo que éste mejore considerablemente. Así, como vuelve a indicar Mora (2017), la puesta en práctica de técnicas que optimicen la calidad crítica de las personas, para lograr un equilibrio entre emoción y cognición, o como dice el autor, citando a Cicerón, *una cosa es saber y otra saber enseñar.*

Hemos comentado anteriormente que la emoción es la verdadera energía que mueve al ser humano y que las utilizamos para sobrevivir, comunicarnos y como llevar a cabo todo nuestro constructo cognitivo. Es, en definitiva, la base dónde residen los fundamentos básicos de una buena enseñanza (Mora, 2017). En consecuencia, el uso de la palabra en nuestro alumnado es de suma importancia a la hora de transmitirles conocimiento. Supone un instrumento básico para la motivación y el descubrimiento. Todo ello, como afirman los científicos, conlleva una mejor asimilación de los contenidos cuando subyacen la sorpresa, la curiosidad y en definitiva la intervención de las emociones. El cerebro sólo aprende si hay por medio una emoción, afirma Mora, que combinado con el juego y placer completan el puzle con el que llegamos al mejor de los aprendizajes para nuestros estudiantes.

> **Es la curiosidad la que nos lleva al encuentro del conocimiento. Y ese conocimiento bien gestionado emocionalmente favorece nuestro aprendizaje.**

El juego

Ninguna persona aprende nada sin que haya alguna cosa que le motive o le provoque curiosidad. Este instrumento es de suma importancia, sobre todo en las primeras etapas de la vida, ya que viene a ser el pretexto perfecto para aprender en cada secuencia motora del mismo, ya siempre hay algo nuevo que lo hace diferente, provoca curiosidad y la refuerza al mismo tiempo.

La curiosidad

Se nutre del placer que encontramos en el descubrimiento que hacemos cada vez que aprendemos algo nuevo. Este hecho hace que el estímulo por seguir aprendiendo se refuerce cada vez que lo ponemos en práctica ya que lleva al placer (un elemento básico en la motivación como ya indicó Marina, 2011). A continuación, proponemos algunas estrategias que nos pueden ayudar a despertar la curiosidad en nuestras clases, según las aportaciones que hace Mora (2017)

- Iniciar la sesión escolar con algo que les pueda llegar a provocar, algo diferente que les haga entusiasmarse, p.e. una frase, un pensamiento, un reto, un hecho cotidiano, etc., que haga despertar el interés y que cree comunicación.
- Fomentar el debate, entre nuestro alumnado, para favorecer un clima de seguridad y calma. Aceptando incluso esas preguntas, que, por motivos de su edad, les hacen actuar de manera infantil muchas veces.
- Dar tiempo para que puedan argumentar sus intervenciones y descubrir por sí mismos las posibles soluciones. La participación en clase debe de favorecerse haciendo que puedan preguntar por cuestiones como el planteamiento de problemas. Dar cabida al error como proceso de aprendizaje.
- No dar clases planas en contenido y en actitud por parte del profesorado. Incluir elementos que provoquen incongruencia, sorpresa, desconcierto, etc., sin que ello pueda provocar ansiedad entre nuestros estudiantes.
- Favorecer la participación, reforzando el mérito, el aplauso y la alabanza ante buenas intervenciones. Para ello modularemos, sin intervenir directamente a la hora de sus intervenciones y/o participaciones.

Tabla 1. Estrategias para despertar la curiosidad en el aula

La atención

Es el faro guía para el aprendizaje y la memorización, funcionando como el mecanismo básico que nos hace ser conscientes de la realidad.

¿Cómo captamos la atención?

Esta pregunta que nos suele asaltar diariamente se resuelve convirtiendo la clase en una sesión de historia, de curiosidad. Cómo nos vuelve a ilustrar Mora (2011),

> *Una historia con un principio que ilumine al tiempo que provoque, un desarrollo que interese (introduciendo novedad, sorpresa, complejidad) y un final que resuma lo dicho y despierte, el interés por la clase siguiente (creando cierto grado de expectación y futura recompensa) (p.86).*

Hay que recordar que la atención sigue a la curiosidad de manera automática y sin exigencia alguna, por tanto, hay que tenerlo en cuenta la hora de organizar e impartir nuestras clases. Y aunque parezcan complicados las formas o planteamientos dirigidos hacia un premio o recompensa, funcionan mejor que las se encaminan al castigo.

Otro tema a tener en cuenta a la hora de trabajar con los conocimientos descubiertos por la Neuroeducación son los tiempos de atención que el alumnado debe prestar para mantenerla. Según estos estudios, habría que acortar la duración de las clases. Dicho de otra manera, más simplista y entendible diríamos que es más productivo 10 minutos de clase bien aprovechados que 50. Por lo que se recomienda que cada 10-15 minutos hagamos una pequeña desconexión para luego seguir captando la atención sobre la materia de nuestro alumnado. El cerebro tiende a desconectar pasados ese tiempo. Además, la atención varía según la edad, el interés del tema, la capacidad docente del profesorado, etc.

También, hay algo que pasamos por alto y que la neuroeducación nos recuerda en relación, a los adolescentes (Guillén, 2017). En ellos existe un retraso en el ritmo circadiano que hace que la liberación de la hormona melatonina sea tardía, lo que hace que la hora de comienzo de las clases no sea la más idónea para llevar a cabo actividades en las que haya que invertir mucho esfuerzo cognitivo. Esto es importante para el profesorado de secundaria a la hora de establecer el horario de clase y repartir las asignaturas.

En resumen

La neuroeducación viene a estudiar y aplicar los conocimientos que se obtienen del cerebro para la mejora de la educación. Esos estudios nos ayudarán a optimizar los procesos del aprendizaje del alumnado y al mismo tiempo a entender mejor los diversos trastornos del desarrollo que afectan a muchos de nuestros estudiantes, lo que nos permitirá una intervención terapéutica mucho más relevante en ellos.

Que el ejercicio físico, la alimentación, las horas de sueño, las técnicas de relajación (yoga, mindfulness...), clases pausadas y no largas-aburridas, educar desde la curiosidad, la emoción, el trabajo cooperativo y no competitivo, entre otras, hacen que mejoremos la atención, la memoria y con ello nuestra capacidad para adquirir conocimientos desde un punto de vista más natural, según la Neuroeducación.

Cuestionario. Tema 3

1- ¿En qué cuatro zonas podrías organizar tu clase, según lo visto en el tema?

    a. Zona de organización del trabajo, de realización de ejercicios de clase, de estudio y exámenes; de juegos, lectura y trabajos manuales.

    b. Zona organización del trabajo, de laboratorio, de lectura y de estudio.

    c. Zona de organización del trabajo, de lectura, de exámenes y de castigos.

2- ¿Según lo comentado en el tema, que dos transformaciones de la clase podríamos llevar a cabo?

    a. Sesión de debates por grupos y sesión en círculo o en U

    b. Sesión de debates y sesión en círculo para exposiciones

    c. No existe ningún tipo de transformación de la clase

3- Atendiendo a lo que propone César Bona en la distribución de su clase, que cometido tiene el rincón de la abogada.

    a. Sirve para llevar a juicio cualquier conducta impropia por parte del alumnado.

    b. Sirve para mediar entre el alumnado y el profesor.

    c. No tiene ninguna utilidad.

4- ¿Que se potencia en el profesorado con una preparación previa en Inteligencia Emocional?

a. Su desarrollo competencial en emociones, bienestar psicológico y éxito, capacidad para afrontar los retos.

b. La empatía para poder hablar mejor con sus compañeros-as y capacidad de liderazgo para llegar a ser director del centro.

c. Ninguna es correcta.

5- ¿La carencia de una buena Inteligencia Emocional en el alumnado que perjuicios negativos puede acarrear?

a. Malas notas y partes por mal comportamiento.

b. Baja autoestima, frustración, entre otras.

c. Sólo la (a) es correcta

6- Existe una clara vinculación entre la Inteligencia Emocional del alumnado y su:

a. Conducta personal.

b. Conducta académica.

c. Conducta social, personal y académica.

7- Según Marina (2011) cuales son los tres elementos de la ecuación de la motivación.

a. Deseo, valor del objetivo y los facilitadores de la tarea

b. Deseo, valor del objetivo y los facilitadores de la curiosidad

c. Deseo, metas y los facilitadores de la memoria

8- Ejemplos de incentivos serían:
a. Comida, bebida, sexo, dinero, vacaciones, fama, cargos importantes.
b. Alcanzar la meta, sentimiento de capacidad, habilidades.
c. Hambre, sed, líbido, comodidad

9- La atención sigue a la:
a. Memoria
b. Curiosidad
c. Emoción

10- Cada cuanto tiempo habría que realizar una pequeña pausa de desconexión en las clases, según la Neuroeducación.
a. 50 minutos
b. 25 minutos
c. 10-15 minutos

TEMA 4. ACTIVIDADES Y MATERIALES PRÁCTICOSPARA SU APLICACIÓN

Subtemas:

- Introducción
- Herramientas de trabajo
- La evaluación
- Experiencias prácticas

Introducción

Hablar de materiales es decir elementos y estos pueden utilizarse o:

Agruparse en un conjunto o reunirse de acuerdo, a su utilización en algún fin específico. Los elementos del conjunto pueden ser reales (físicos), virtuales o abstractos.

Por su parte, cuando hablamos de **material didáctico** nos estamos refiriendo a:

Aquellos medios y recursos que facilitan la enseñanza y el aprendizaje, dentro de un contexto educativo, estimulando la función de los sentidos para acceder de manera fácil a la adquisición de conceptos habilidades, actitudes o destrezas. Se utilizan dentro del ambiente educativo para facilitar la adquisición de conceptos, habilidades, actitudes y/o destrezas.

Es importante tener en cuenta que el material didáctico debe contar con los elementos que posibiliten un cierto aprendizaje específico. Por eso, un libro o una ficha no siempre es un material didáctico. Por poner un ejemplo, diremos que: leer una novela sin realizar ningún tipo de análisis o trabajo al respecto, no supone que el libro actúe como material didáctico, aun cuando puede aportar datos de la cultura general y ampliar la cultura literaria del lector. Pero, si esa misma novela es analizada con ayuda de un docente y estudiada de acuerdo, a ciertas pautas, se convierte en un material didáctico que permite el aprendizaje.

Por consiguiente, disponer de un buen número de materiales y actividades prácticas para la realización de nuestras actividades de educación emocional, es básico, pero no dejan de ser eso: Actividades y Materiales.

Lo verdaderamente importante, aparte de disponer de esos elementos, es la capacidad creativa de intervenir adecuadamente en el contexto socioeducativo en el que nos encontremos. Para ello, prepararemos, cogeremos y elaboraremos aquellos materiales didácticos más interesantes aplicándolos a nuestros objetivos y fines marcados.

En este capítulo aportaremos algunos de esos materiales para que sirvan de base para la creación de tus próximos trabajos diseñados a conciencia sobre el marco socioeducativo en el que estés o puedas trabajar en el futuro.

Herramientas de trabajo

La importancia que tiene en los procesos de innovación ha llevado frecuentemente a asociar relación de recursos con innovación educativa. Fundamentalmente porque los recursos son intermediarios curriculares, y si queremos incidir en la faceta de diseño curricular de los profesores, los recursos didácticos constituyen un importante campo de actuación.

En la literatura acerca de la innovación educativa, es habitual encontrar la incorporación de nuevos recursos, nuevos comportamientos y prácticas de enseñanza y nuevas creencias y concepciones, etc., como cambios relacionados con los procesos de innovación en cuanto mejoras en los procesos de enseñanza-aprendizaje (Fullan y Stiegelbauer, 1991). Pero para dichos autores, el uso de nuevos materiales, la introducción de nuevas tecnologías o nuevos planteamientos curriculares sólo es la punta del iceberg: las dificultades están relacionadas con el desarrollo, por parte de los profesores, de nuevas destrezas, comportamientos y prácticas asociadas con el cambio y la adquisición de nuevas creencias y concepciones relacionadas con el mismo.

Todo docente a la hora de enfrentarse a la impartición de una clase debe seleccionar los recursos y materiales didácticos que tiene pensado utilizar. Muchos piensan que no tiene importancia el material o recursos que escojamos pues lo importante es dar la clase, pero se equivocan, es fundamental elegir adecuadamente los recursos y materiales didácticos porque constituyen herramientas fundamentales para el desarrollo y enriquecimiento del proceso de enseñanza-aprendizaje de los alumnos.

Hoy en día existen materiales didácticos excelentes que pueden ayudar a un docente a impartir su clase, mejorarla o que les pueden servir de apoyo en su labor. Estos materiales didácticos pueden ser seleccionados de una gran cantidad de ellos, de los realizados por editoriales o aquellos que uno mismo con la experiencia llega a confeccionar.

En cuanto, a los recursos didácticos, su concepto y uso, han evolucionado a lo largo de la historia sobre todo como consecuencia de la aparición de las nuevas tecnologías. Creo que, desde hace muchos años, la pizarra ha sido uno de los recursos didácticos más utilizados por los docentes y creo que así lo seguirá siendo, ya que pienso constituye un excelente recurso didáctico y siempre habrá alguien dispuesto a utilizarla. Pero no creamos que ella no haya sufrido evolución alguna, ya que en muchos centros ya no se utilizan aquellos sobre las que pintas o escribes con tizas sino aquellas pizarras en las que se utilizan rotuladores. Junto a la misma, han aparecido multitud de recursos didácticos, que van desde las nuevas tecnologías, a la prensa y los recursos audiovisuales.

Hoy en día el docente tiene muchos recursos a su alcance para lograr una formación de calidad de sus alumnos. Cuenta con:

- Recursos personales, formados por todos aquellos profesionales, ya sean compañeros o personas que desempeñan fuera del centro su labor, como agentes sociales o los profesionales de distintos sectores, que pueden ayudarnos en muchos aspectos a que los alumnos aprendan multitud de conocimientos.

- También contamos con recursos materiales que podemos dividir en recursos impresos, audiovisuales o informáticos. Entre los primeros podemos destacar los libros de texto que los alumnos pueden utilizar si así lo cree conveniente el profesor. Los libros de consulta que normalmente son facilitados por los docentes o que se encuentran en los centros para su consulta por el alumnado.

- Las infraestructuras como bibliotecas escolares, museos, etc., son lugares interesantes para ser visitados por los estudiantes ya que constituye un lugar fantástico donde se encuentran muchos recursos didácticos para su utilización.

- Además, contamos con la prensa, cada día pienso que constituye un recurso didáctico más importante para todos, ya que a través de ella es muy fácil mostrar la realidad del mundo, los problemas que cada día tenemos y a los que nos enfrentamos.

- Junto a ellos, nos centramos ahora en los recursos audiovisuales, también ellos han sufrido evolución a lo largo de la historia. Antes tan solo se utilizaban los videos, los radiocasetes y en determinadas ocasiones el retroproyector. Hoy es fácil ver DVD en casi todos los centros, las películas para videos ya casi están en desuso y es muy difícil encontrarlas, las cintas de música han pasado a ser CD de música y el retroproyector de diapositivas al de transparencias o incluso en muchas ocasiones y con el uso de la informática el cañón de imagen.

- Quizás también precisa una mención especial el cine, un recurso didáctico muy importante pues no olvidemos que muchos de nuestros alumnos aprenden multitud de cosas a través de la televisión, de los medios audiovisuales.

- Los recursos publicitarios son otro de los materiales con los que poder intervenir, dada la gran repercusión que tienen en todos nosotros, su influencia y sus directrices para crear tendencias.

- Por último, creo que merecen un lugar destacado los recursos informáticos como recurso didáctico. También el cañón de imagen o incluso mejor las pizarras digitales, son herramientas importantes hoy en día y que se empieza a utilizar con mucha asiduidad, ya que, con él, es muy fácil proyectar a los alumnos, imágenes, esquemas o resúmenes de aquello que queremos explicar.

La evaluación

Los educadores observan a diario que sus alumnos además de diferenciarse en su nivel académico, también difieren en sus habilidades emocionales. Estas diferencias afectivas no han pasado desapercibidas ni para sus padres, ni para el resto de compañeros de clase, ni tampoco para la ciencia. En la última década, la ciencia está demostrando que este abanico de habilidades personales influye de forma decisiva en la adaptación psicológica del alumno en clase, en su bienestar emocional e, incluso, en sus logros académicos y en su futuro laboral.

Pero los investigadores ni incluso los educadores han tenido claro qué herramientas de evaluación existen para obtener un perfil emocional de sus alumnos. A nuestro parecer, la evaluación de la IE en el aula supone una valiosa información para el docente en lo que respecta al conocimiento del desarrollo afectivo de los alumnos e implica la obtención de datos fidedignos que marquen el punto de inicio en la enseñanza transversal.

En el ámbito educativo se han empleado tres enfoques evaluativos de la IE:

- El primer grupo incluye los instrumentos clásicos de medidas basados en cuestionarios y auto-informes cumplimentados por el propio alumno;

- El segundo grupo reúne medidas de evaluación de observadores externos basadas en cuestionarios que son rellenados por compañeros del alumno o el propio profesor; y

- El tercer grupo agrupa las llamadas medidas de habilidad o de ejecución de IE compuesta por diversas tareas emocionales que el alumno debe resolver.

Para una mayor comprensión, estudio y análisis te remitimos al artículo completo de Extremera y Berrocal, dónde se analizan más detalladamente estos datos.

<u>file:///D:/LIBRO%20EDUCACI%C3%93N%20EMOCINAL /CURSO%20FUNDECOR%20INTELIGENCIAEMOCIONAL/ Medir%20la%20Inteligencia%20emocional465Extremera .pdf</u>

Igualmente, incluimos una serie de documentos por medio de los cuales puede ayudar a su alumnado a evaluar sus estados de ánimo y hacer conscientes de sus emociones utilizando el siguiente elemento, que no él único.

- **Diario emocional**

Mediante este recurso ayudaremos a ser conscientes a nuestro alumnado de sus emociones positivas, descubriendo los elementos que pueden ayudarles a regularlas y plantearse objetivos vitales para conseguirlos.

Habría que crear tantas carpetas como emociones positivas queramos. Cada ficha recoge la información de la última vez que se recuerda haberla sentido y los cambios experimentados

---

RECUERDA

Que las emociones pueden explicarse de muy diversas maneras, son muy sensoriales. Por tanto, utiliza los recursos que consideres más oportunos para su expresión, como puedan ser el dibujo, los sonidos, la teatralización, etc.

Alegría

Entendida como un estado interior fresco y luminoso, generador de bienestar general, de altos niveles de energía y de una poderosa disposición a la acción constructiva, que puede ser percibida en toda persona, siendo así que quien la experimenta la revela en su apariencia, lenguaje, decisiones y actos. (Fernández-Abascal, 2015, p. 119)

	Situación	Qué hizo especial la situación	A qué cosas atendiste	Significado	Respuesta
¿Cómo fue la última vez que te has sentido alegre?					
¿Qué tuvo de bueno?					
¿Qué tuvo de malo?					

	Situación	Qué hizo especial la situación	A qué cosas atendiste	Significado	Respuesta
¿Cómo fue la última vez que te has sentido alegre?					
¿Qué tuvo de bueno?					
¿Qué tuvo de malo?					

Experiencias prácticas

Incluimos en este apartado una serie de materiales sobre inteligencia emocional que han desarrollado para todos los niveles educativos desde infantil 3-4 años, pasando por primaria, secundaria y bachiller desde la Comunidad Foral de Guipúzcoa.

Así mismo te indicamos dos enlaces dónde poder encontrar más recursos didácticos con los que poder ir trabajando

https://www.youtube.com/watch?time_continue=90 &v=XkCxxoDgtpo

https://educayaprende.com/wp-content/uploads/2014/04/adivina-emociones_001.png

---

RECUERDA

Los materiales que te presentamos son para utilizarlos en clase, pero no olvides crear los tuyos propios y/o adaptarlos al contexto socio-educativo en el que te encuentres.

Juegos

Cuatro juegos para trabajar la inteligencia emocional en clase

La inteligencia emocional se puede trabajar y desarrollar en clase, igual que ocurre con otros tipos de inteligencia como la lingüística, la espacial o la kinestésica. A continuación, explicamos algunos juegos para trabajar con alumnos en clase (Primaria) que pueden resultar de gran utilidad para que los alumnos aprendan a detectar sus emociones propias y ajenas, comprenderlas y utilizarlas de forma positiva y beneficiosa. Así mismo, incluimos otro al final que, si puede utilizarse en primaria y secundaria, como es el *dominó de los sentimientos*.

La caja de las emociones

Una de las formas con las que podemos trabajar las emociones en clase es a través de un juego denominado *«La caja de las emociones»*. Su funcionamiento es simple y puede ser adaptado a las características o necesidades de cada clase. Se tiene que prepara una caja (de plástico, cartón, etc.) con todo nuestro grupo de alumnos y en ella se escribe el nombre de las diferentes emociones, junto con algún dibujo representativo. Esta caja debe estar situada en un lugar visible del aula y ser accesible a todos los alumnos. Además, se dispondrá de papel en forma de pequeñas notas para que los alumnos puedan escribir en ellos sus mensajes. El objetivo de este juego es conseguir que nuestros alumnos y alumnas aprendan a comunicarse emocionalmente. A partir de estas comunicaciones individuales podemos profundizar en el conocimiento de las diferentes emociones (alegría, tristeza, desesperanza, rencor, etc.). De esta forma se logra una mayor inteligencia emocional y enseñar nuevas formas de afrontamiento de conflictos y canalización adecuada de los sentimientos que la acompañan. Con ello también estamos efectuando un trabajo preventivo respecto a posibles nuevos conflictos.

El diccionario de las emociones

Es un juego muy eficaz para que los niños aprendan a interiorizar sus emociones. Se utilizan cartulinas donde los alumnos escriben, en letras grandes, los nombres de una emoción: tristeza, alegría, rabia, etc. Después tienen que hacer un dibujo inspirado en dichas emociones y en las respuestas, emocional y/o física. También pueden explicar el porqué de ese dibujo.

El tarro de las buenas noticias

Este juego está especialmente pensado para potenciar el optimismo y los pensamientos positivos en los niños. Cada vez que ocurra una buena noticia en el contexto de la clase (un cumpleaños, el nacimiento de un hermanito o hermanita, un logro personal de algún niño o niña, etc.) los alumnos lo deben escribir o representar con algún dibujo y depositarlo en un tarro. El contenido de dicho tarro puede ser objeto de debate y al final de curso se puede hacer un mural con todas las buenas noticias que han ocurrido.

Título	**DOMINÓ DE LOS SENTIMIENTOS**
Objetivo/s	– Ampliar vocabulario de emociones. – Experimentar el beneficio de la cooperación frente a la competitividad.
¿Qué se trabaja?	Educación emocional y cooperación en el grupo
Descripción	Se forman grupos de 4 ó 5 personas. A cada grupo se les da un juego del dominó. A continuación, se les indica las siguientes instrucciones: – Este juego es similar al clásico dominó. – Cada ficha tiene dos entradas que coinciden con una ficha por la izquierda y otra por la derecha. – Para saber si lo habéis hecho bien, debéis saber que el juego de fichas se cierra sobre sí mismo y no sobra ninguna. – Se puede empezar. En este punto cada grupo empieza a organizarse de una manera u otra. Se debe estar muy atento a como se desarrolla el juego porque da muchas ideas para tratar el tema de debate. Cuando la mayoría de grupos acaba se comienza el debate sobre cómo les ha ido en el juego. Si no se sabe cómo empezar con estas preguntas: – ¿Cómo os habéis sentido en el juego? – ¿Cómo habéis empezado el juego? – ¿Habéis cambiado la estrategia? – ¿Cuál era la finalidad del juego? – ¿Hubierais podido acabar sin necesitar la ayuda de los demás?

https://www.orientacionandujar.es/wp-content/uploads/2014/07/DOCUMENTO-2-domino-de-los-sentimientos.pdf

Cuestionario. Tema 4

1- Los materiales didácticos son:
   a. Medios que facilitan la enseñanza y el aprendizaje.
   b. Recursos que facilitan la enseñanza y el aprendizaje.
   c. Ambas son correctas.

2- A que debe enfrentarse un docente a la hora de llevar a cabo una clase:
   a. A seleccionar los recursos y materiales didácticos que tiene pensado utilizar.
   b. A seleccionar al alumnado a quién va a evaluar ese día.
   c. Ambas son correctas.

3. ¿Cuáles son los enfoques que se emplean a nivel evaluativo en la educación de la I.E.?
   d. Cuestionarios y auto-informes, observadores externos y medidas de habilidad o de ejecución de I.E.
   e. Cuestionarios y auto-informes, exámenes y conducta.
   f. Ambas son correctas.

4. El diario emocional sirve para:

a. Ayudar al alumnado a descubrir, clasificar y escribir en un cuaderno los acontecimientos más relevantes que le van sucediendo durante el trimestre con sus compañeros.

b. Hacer más consciente al alumnado de sus emociones positivas, dándole los elementos que le puedan ayudar a regularlas y plantearse objetivos vitales para su consecución.

c. Sólo la A es correcta.

5. El objetivo del juego de la caja de las emociones es:

a. Que nuestro alumnado aprenda a guardar emociones en una caja.

b. Conseguir que nuestro alumnado se motive en clase de I.E.

c. Conseguir que nuestros alumnos y alumnas aprendan a comunicarse emocionalmente

6. El diccionario de las emociones tiene una finalidad que es:

a. Que el alumnado aprenda cuales son las emociones positivas

b. Que el alumnado aprenda a interiorizar sus emociones.

c. Que el alumnado aprenda cuales son las emociones negativas.

7. El tarro de las buenas noticias nos sirve para:
   a. Para dar buenas noticias.
   b. Potenciar el optimismo y los pensamientos positivos en los niños.
   c. Sólo la (a) es correcta.
   d.

8. El dominó de los sentimientos tiene como objetivo principal:
   a. El juego cooperativo.
   b. La educación en valores.
   c. La educación emocional y cooperación en el grupo.

Evaluación final

1- El diario emocional sirve para:
   a. Ayudar al alumnado a descubrir, clasificar y escribir en un cuaderno los acontecimientos más relevantes que le van sucediendo durante el trimestre con sus compañeros.
   b. Hacer más consciente al alumnado de sus emociones positivas, dándole los elementos que le puedan ayudar a regularlas y plantearse objetivos vitales para su consecución.
   c. Sólo la A es correcta.

2- ¿En qué cuatro zonas podrías organizar tu clase, según lo visto en el tema?

    a. Zona de organización del trabajo, de realización de ejercicios de clase, de estudio y exámenes; de juegos, lectura y trabajos manuales.

    b. Zona organización del trabajo, de laboratorio, de lectura y de estudio.

    c. Zona de organización del trabajo, de lectura, de exámenes y de castigos.

3- Según Mayer y Salovey (1997) la inteligencia emocional incluye:

    a. La habilidad de percibir con precisión, valorar y expresar emoción, la habilidad de acceder y/o generar sentimientos cuando facilitan pensamientos, la habilidad de comprender la emoción y el conocimiento emocional y la habilidad para regular las emociones para promover crecimiento emocional e intelectual.

    b. La habilidad de percibir, valorar y expresar emociones.

    c. La habilidad de percibir con precisión, valorar y expresar emociones, así como la habilidad de acceder y/o generar sentimientos cuando facilitan pensamientos.

4- Señala la respuesta correcta. Los componentes de las emociones son:

    a. Experiencia subjetiva, Introversión, Afrontamiento y los cambios fisiológicos.

    b. Experiencia subjetiva, Expresión corporal, Afrontamiento y los cambios fisiológicos.

    c. Experiencia subjetiva, Extroversión, Afrontamiento y los cambios fisiológicos.

5- A que debe enfrentarse un docente a la hora de llevar a cabo una clase:

    d. A seleccionar los recursos y materiales didácticos que tiene pensado utilizar.

    e. A seleccionar al alumnado a quién va a evaluar ese día.

    f. Ambas son correctas.

6- Las funciones de las emociones son:

    g. Adaptativa, Social y Cultural

    h. Adaptativa, Social y Cognitiva

    i. Adaptativa, Social y Motivacional

11- Atendiendo a lo que propone César Bona en la distribución de su clase, que cometido tiene el rincón de la abogada.

    a. Sirve para llevar a juicio cualquier conducta impropia por parte del alumnado.

    b. Sirve para mediar entre el alumnado y el profesor.

    c. No tiene ninguna utilidad.

12- **La regulación emocional, según Bisquerra, sería la capacidad para manejar las emociones de forma apropiada**

g. Verdadero

h. Falso

BIBLIOGRAFÍA

Adolphs, R., Grosselin, F.; Buchanan, T.W.; Tranel, D.; Schyns, P. y Damasio, A.R. (2005). A mechanism for impaires fear recognition after amygdale damage. Nature, 433 (6), 68-72.

Andrés, M.L. & Stelzer, F. (2015). Emoción: Disensos y acuerdos en su caracterización. Una revisión de perspectivas actuales. Anuario de Proyectos e Informes de Becarios de Investigación, Vol. 12, 1172-1180.

Bisquerra, R. (2015). Universo de emociones. Barcelona: Gea

Bonetto, V.A. & Calderón, L.L. (2014). La importancia de atender a la motivación en el aula. PsicoPediaHoy, 16(1). Recuperado de: http:// psicopediahoy.com/importancia-atender-a-la-motivacion-en-aula

Carlson, J.G. y Hatfield, E. (1992) Psychology of Emotion. First Edition.

Carretero, M. (2009). Comprensión y motivación. Constructivismo y educación. Buenos Aires: Paidós.

Chóliz, M. (2005). Psicología de la emoción: el proceso emocional. Recuperado de: www.uv.es/=choliz

Damasio, A. (2011). En busca de Spinoza. Editorial Destino.

Ekman, P. (1984). Expression and the nature of emotion. En K. Scherer y P. Ekman (eds.). approaches to emotion (p. 319-334). Hillsdale: Erlbaum.

Fericgla, J. Mª. (2000). Cultura y Emociones. Manifiesto por una Antropología de las emociones. Conferencia Inaugural III Seminario sobre Estados Modificados de la Consciencia y Cultura. Universidad de Caldas, Manizales (Colombia).

Fernández – Abascal, E. G.; García Rodríguez, B.; Jiménez Sánchez, M.; Martín Díaz, M. y Domínguez Sánchez, F. (2010). Psicología de la Emoción. UNED: Editorial universitaria Ramón Areces.

Fernández-Abascal, E.G. (coord.); Baptista, A.; Benevides-Pereira, A.M.; Carrobles, J.A.; Castilla Baylos, C.; Chóliz Montañés, M.; Csikszentmihalyi, M.; Domínguez Sánchez, F.; Etxebarria Bilbao, I.; Extremera Pacheco, N.; Fernández Berrocal, P.; Fernández Castro, J.; Fernández-Abascal, E.; Hervás Torres, G.; Javaloy Mazón, F.; Jiménez Sánchez, M.P.; Martín Díaz, M.D.; Martín Montalbán, A.; Martínez Sánchez, F.; Páez Rovira, D.; Palomera Martín, R.; Ríos Lago, M.; Rodríguez Carballeira, A.; Sánchez Cubillo, I.; Varela Morales, P.; Vázquez Valverde, C.; Zaccagnini Sancho, J.L. (2013). Emociones Positivas. Madrid: Pirámide.

Fernández-Abascal, E. G. (2015). Disfrutar de las emociones positivas. Madrid: Grupo5

Furth, G.M. (2005). El secreto mundo de los dibujos. Barcelona: Ed. Luciérnaga.

Golemán, D. (1995-2000). Inteligencia Emocional. Barcelona: Kairós.

González Pérez, K. (2014). Arte infantil, Educación Artística y el método de proyectos (Proyecto de grado de maestro en educación). Universidad de Cantabria.

Gross, J.J. y Thompson, R.A. (2007). Emotion regulation: Conceptual foundation. In J.J. Gross (Ed.), Handbook of emotion regulation. New York: Guilford Press.

Guillén, J.C. (2017). El cerebro social: cooperación en el aula. Universidad de Barcelona. Recuperado de: https://ined21.com/el-cerebro-social-cooperacion-en-el-aula/

Hernangómez Criado, J. (2000). ¿Por qué estoy triste? Málaga: Algibe.

Lazarus, R.S. (1991). Cognition and motivation in emotion. American Psychologist, 46, 352-367

L'ecuyer, C. (2013). Educar en el asombro. Barcelona: Plataforma editorial.

Machón, A. (2016). Los dibujos de los niños. Génesis y naturaleza de la representación gráfica. Un estudio evolutivo. Fíbulas: Madrid.

Marina, J.A. (2011). Los secretos de la motivación. Barcelona: Ariel.

Mauss, I.B. y Robinson, M.D. (2010). Measure of emotion: A review. In: J. de Houwer & D. Hermans (Eds.), Cognition and emotion: Reviews of current research and theories (pp. 99-127). New York: Psychology Press.

Maya Elcarte, N. y Rivero Rodrigo, S. (2010). Conocer el cerebro para la excelencia en la educación. Zamudio (Bizkaia): Innobasque.

Mestre Navas, J.M. y Guil Bozal, R. (2012). La regulación de las emociones. Una vía a la adaptación personal y social. Madrid: Pirámide.

Monereo, C. y Pozo, J. (coord.) (2003). La universidad ante la nueva cultura educativa. Enseñar y aprender parra la autonomía. Madrid: Síntesis.

Mora, F. (2017). Neuroeducación. Solo se puede aprender aquello que se ama. Madrid: Alianza Editorial.

Moors, A. (2010). Theories of emotion causation. A review. In J. De Houwer & D. Hermans (Eds.), Cognition and Emotion. Review of current research and theories (pp. 1-37). New York: Psychology Press.

Palmero, F. y Fernández-Abascal, E.G. (1998). Los procesos emocionales. En F. Palmero y E.G. Fernández-Abascal (eds.): Emociones y adaptación (pp. 3-38). Barcelona: Ariel.

Palmero, F. y Mestre, J. M. (2004). Emoción. En J. M. Mestre y F. Palmero (eds.), *Procesos psicológicos básicos* (pp. 215-247). Madrid: McGraw-Hill.

Pérez Fernández, V.; Gutiérrez Domínguez, Mª. T.; García García, A. y Gómez Bujedo, J. (2010). Procesos Psicológicos Básicos. Un análisis funcional. UNED.

Pintrich, P.R. y Schunk, D.H. (2006). Motivación en contextos educativos. Teoría investigación y aplicaciones. (2º ed.) (Cap. 1). Madrid: Pearson Educación S.A.

Plutchik, R. (1980). Emotion: A psychoevolutionary synthesis. Nueva York, Harper & Row.

Reeve, J. (2009). Motivación y emoción. México: Editorial McGrawHill.

Rojas Pedregosa, P. (2018). Dropy, la gotita inteligente. Sevilla: Wanceulen.

Ruiz Aranda, D.; Cabello González, R.; Salguero Noguera, J.M.; Palomera Martín, R.; Extremera Pacheco, N. y Ferández Abascal, P. (2017). Guía para mejorar la inteligencia emocional de los adolescentes. Programa Intemo. Madrid: Pirámide.

Russell, J. A. (1995). Facial expressions of emotion: What lies beyond minimal universality? *Psychological Bulletin, 118,* 379-391.

Sáinz, A. (2011). El arte infantil. Conocer al niño a través de sus dibujos. Eneida: Madrid.

Tomkins, S.S. (1984). Affect theory. En K. Scherer y P. Ekman (eds.), Approaches to emotion (p. 163-195). Hillsdale: Eribaum.

Vecina Jiménez, M.L. (2006). Emociones Positivas. Papeles del Psicólogo, 2006. Vol. 27(1), pp. 9-17 http://www.cop.es/papeles

Artículos complementarios

https://elpais.com/elpais/2018/12/13/buenavida/1544715127_368245.html

https://www.abc.es/familia/educacion/abci-maestro-ideal-alegre-divertido-vocacional-leal-generoso-201812150143_noticia.html

https://observatorio.itesm.mx/edu-news/xavier-aragay-la-creatividad-va-a-ser-el-petroleo-del-siglo-xxi

https://www.guiainfantil.com/articulos/educacion/juguetes/la-importancia-de-regalar-al-nino-regalos-emocionales/

https://elpais.com/elpais/2018/12/13/ciencia/1544726930_213001.html

https://www.elmundo.es/ciencia-y-salud/ciencia/2018/12/10/5c0a69b3fc6c833b5d8b45ea.html

https://elpais.com/elpais/2018/10/24/ciencia/1540372846_255478.html

https://elpais.com/politica/2018/06/12/actualidad/1528789196_137454.html

Otros recursos

1. Debajo del árbol

Extraordinario cortometraje mexicano lleno de mensajes dignos de estudiar con los jóvenes para propiciar grandes aprendizajes. Debajo del árbol nos presenta las reflexiones de un adulto mayor hacia el final de su vida. Merece dedicar tiempo para meditar no solo todo lo que el corto nos transmite sobre lo preciada que es la vida, sino el valor y trascendencia de los seres humanos, cualquiera que sea su edad. Además de estos rescatables aspectos, también se puede abordar el sentimiento que evoca el filme: la nostalgia como una añoranza del pasado que nos puede ayudar a apreciarlo y valorar sus enseñanzas. Cabe hacer mención de que la historia de nuestro protagonista termina con una nota positivamente optimista. Esta situación también puede ser estudiada con los adolescentes desde el ángulo de la inteligencia emocional.

https://vimeo.com/68461026

2. A cloudy lesson (Una lección en las nubes)

En este corto vemos a un abuelo enseñar el arte de hacer nubes a su nieto. El niño se muestra impulsivo y desesperado ya que no logra producir una nube. Podemos aprovechar esta situación para iniciar una reflexión sobre la impulsividad y la falta de control que lleva a cometer errores que, aunque no sean de seriedad, pueden afectar a otras personas. Nuestro pequeño protagonista nos muestra la importancia de reparar los daños cometidos por nuestras equivocaciones, de mostrar una actitud de apertura y destreza para proponer soluciones creativas que generen relaciones afectuosas y duraderas.

https://vimeo.com/79152708

3. Alike (Parecidos)

Corto que nos invita a considerar la cotidianeidad y la rutina: cómo lo monótono puede frenar nuestras sensaciones, nuestro contacto con otros y la capacidad de apreciar lo bueno que nos rodea. Esta actitud sombría puede resultar contagiosa y habrá que enfocarse en cómo recuperarla. Alike nos muestra la relación de un padre con su hijo y el camino que transitan para restaurar sus emociones y sus ganas de vivir. El padre, Copi, renueva su esperanza y le regresa a su hijo, Paste, la inocencia, capacidad de asombro y creatividad. ¿No te encantan los simpáticos nombres de los protagonistas?

https://vimeo.com/194276412

4. Ascension

Es un corto ideal para abordar el tema de la automotivación en los jóvenes: no perder nuestros objetivos ante los problemas. Viene útil a nuestro propósito reflexionar sobre el par de montañistas con el reto de colocar una estatua en la cima. Su trayecto se encuentra lleno de dificultades e imprevistos, pero gracias a su impresionante tenacidad, no se dan por vencidos. Incluso, uno de los escaladores, con discapacidad física, hace uso de toda su fuerza y voluntad para lograr su cometido. Excelente recurso para mostrar a los muchachos la importancia de no dejarse vencer, de no suponer que los obstáculos y problemas son tan grandes que no se puedan resolver o que les impidan alcanzar sus metas.

https://vimeo.com/124780139

5. Bridge (El puente)

Tener el ánimo de conciliar, una actitud ganar-ganar, es primordial para el desarrollo de la inteligencia emocional. En El puente nos muestran a un par de personajes que no están dispuestos a ceder. Al comentar la historia con nuestros hijos o alumnos, podemos destacarlos como ejemplo de egoísmo y testarudez. Es ideal que se reflexione sobre las características de los personajes y las emociones que pudieron haber llevado a la situación de conflicto, así como aprovechar la conversación para enfatizar la poderosa herramienta que es la comunicación, el diálogo y la negociación.

https://vimeo.com/27299211

6. Course of nature (El curso de la naturaleza)

Tenemos otro ejemplo de la relación padre-hijo y las muchas facetas que tienen la crianza y cariño filial. La pequeña hija de la Madre Naturaleza muestra rebeldía y desobediencia, y desconoce las consecuencias que puede traer su actuar. Conviene notar cómo la Madre Naturaleza afronta la situación: en vez de una recriminación, con mucha paciencia le enseña y explica las razones para pedirle que guarde las nubes en sus pequeñas jaulas. Destacamos lo conveniente que resulta la cinta para invitar a los niños a pensar sobre el autocontrol, la capacidad que tenemos todos de frenar nuestros impulsos y las reacciones de nuestras emociones por el bien de los demás y de nosotros mismos.

https://vimeo.com/165809480

7. Destiny (Destino)

Con esta historia sobre el tiempo y cómo muchas veces la vida nos pasa de prisa, podemos dirigir la atención de nuestros chicos hacia la apreciación del mundo a nuestro alrededor. Destiny nos invita a reflexionar sobre el destino y su naturaleza cambiante, a abrir nuestra mente a diferentes posibilidades e intereses que pueden enriquecernos y que puedan motivarnos a ser mejores personas.

https://vimeo.com/49364409

8. El náufrago

Dos náufragos, cada uno en su isla, nos presentan dos personalidades diferentes que podemos utilizar como ejemplo dentro de nuestra clase o conversación con los niños. Uno de ellos muestra egoísmo y ausencia de compasión para compartir los bienes que –literalmente– le han caído del cielo. El otro, sin reparos está dispuesto a mostrar generosidad y ofrecer su comida. Las dos posturas nos ayudan a reflexionar sobre la madurez de la inteligencia emocional, la capacidad de solidarizarse con el prójimo, de mostrar positivismo y apertura, y por el otro lado, la total ausencia de empatía.

https://www.youtube.com/watch?v=GQRw4sSnwr0

9. El vendedor de humo

Un vendedor bastante habilidoso logra embaucar con sus trucos a más de uno. Si bien es cierto que todos deseamos que nuestros sueños se conviertan en realidad, la madurez y la experiencia nos enseñan que muchos de ellos se pueden lograr gracias a la tenacidad, al trabajo duro y el esfuerzo. La cinta da cabida para orientar una reflexión en los jóvenes sobre los sentimientos de los compradores de humo al saberse defraudados, sobre las razones del engaño mismo y a razonar sobre la honestidad.

https://vimeo.com/71999238

10. En tus brazos

¿Qué pasa cuando la vida nos impacta con una discapacidad? Podemos suponer que un inagotable cúmulo de emociones debe invadirnos, muchas de ellas orientadas hacia la desesperanza, la tristeza, ira y otros sentimientos que pueden desembocar en una enfermedad conocida como depresión. Este cortometraje nos muestra a Jorge, que experimenta una dura realidad: después de ser bailarín, está confinado a una silla de ruedas. El corto nos ayuda a propiciar la reflexión sobre estas emociones hasta alcanzar la empatía. Destacamos, sin duda, la actitud de Elba, su esposa; el amor y comprensión inagotables hacia su pareja.

https://vimeo.com/87322941

11. Hi Score (Alto puntaje)

¿Cuántas veces hemos querido desconectar a nuestros niños de sus teléfonos, tabletas o juegos de video? Incontables, estamos seguros. Este corto podrá ayudarnos a que los chicos –y no tan chicos– se den cuenta del mundo a su alrededor.

La protagonista vive una aventura parecida a su juego de video favorito. Al llenarse de una sensación de logro y de satisfacción por sus logros, ya no tiene la necesidad de invertir su tiempo en el juego de video. Así aprende a apreciar lo que le rodea. Este breve corto puede utilizarse como instrumento de reflexión acerca de lo emocionante y enriquecedor que resulta atreverse a probar algo nuevo y sobre las emociones positivas que genera una actividad nueva.

https://www.youtube.com/watch?v=n7mwYqaQYeI

12. Lili

Esta cinta es una alegoría sobre la pérdida que supone el crecimiento, el dejar de ser niños y convertirnos en adolescentes. Lili es una chica que está viviendo esta transición, que tiene dificultades con aceptar esta etapa. Nos da una oportunidad para considerar los sentimientos de temor o recelo que se experimentan cuando atravesamos la pubertad. Lili debe tomar una decisión sobre las emociones que está experimentando y afrontar sus temores. Habrá que poner especial énfasis en el aprendizaje que resulta de dicha experiencia: Lili resulta fortalecida, valorando su niñez y dejando de lado la añoranza.

https://vimeo.com/242934453

13. Lily and the Snowman (Lily y el mono de nieve)

Mientras nuestra recomendación anterior (*Lili*) habla del temor que pudiera suscitar el crecimiento, *Lily y el mono de nieve* nos recuerda lo valioso que resulta no olvidar las alegrías de la niñez. La cinta nos muestra cómo valorar la capacidad de asombro y entusiasmo que se siente en la niñez al darle espacio a la fantasía. Lily ha crecido, y ahora es su turno para mostrar la calidez de estos sentimientos a su hija y conectar con ella en una forma divertida y única.

https://vimeo.com/155987024

14. Little Icarus (Pequeño Ícaro)

Cuando las cosas no nos resultan como deseamos, es sencillo experimentar enojo y pesimismo. Este corto nos muestra a un pequeño que desea que sus avioncitos despeguen y tengan la capacidad de volar. Lo vemos perder la paciencia y exasperarse, sentir frustración. Ícaro nunca pierde su meta ni aparta sus esfuerzos del objetivo. *El pequeño Ícaro* es un ejemplo que podemos utilizar con los niños más pequeños para ilustrar el autocontrol que supone un sentimiento negativo: cómo tranquilizarse y continuar el trabajo con ahínco y concentración.

https://www.youtube.com/watch?v=8O9pFf6a1-A

15. Man's Best Friend (El mejor amigo del hombre)

El cabello postizo de nuestra estrella actúa como una mascota y, además, es extraordinariamente fiel a su amo. Resulta sumamente sencillo sentir empatía por el animalito, que hace lo necesario para rescatar a su amigo de una situación embarazosa.

Visto desde otro ángulo, el filme nos ayuda a visualizar al protagonista como una persona insegura, con falta de aceptación hacia sí mismo y su imagen. Estas emociones nos ayudan a iniciar una conversación con los niños sobre lo importante que es valorarse a sí mismo, con los defectos y virtudes que podamos tener, y no tratar de buscar la aprobación de otros basados en nuestro aspecto físico.

https://www.youtube.com/watch?v=Ti0ANyxl6_c

16. Overcomer (La vencedora)

Este es un poderoso cortometraje animado con un enorme potencial de análisis. *Overcomer* narra de manera visual los sentimientos de desesperanza, soledad y tristeza que experimenta una joven al asumir las etiquetas que la sociedad le ha impuesto durante su niñez y pubertad. La chica ha sido sometida a negativismo y mensajes despectivos. Valdrá la pena invitar a nuestros jóvenes a meditar sobre las actitudes y posturas que pudieran mostrar en sus redes sociales hacia los demás y hacerlos reflexionar sobre lo dañino que puede resultar una burla o un comentario negativo o las repercusiones que pueden desencadenar en los sentimientos de otras personas. Rescatamos cómo nuestra protagonista se rescata a sí misma con una dosis de amor propio hasta cambiar su autoconcepto por uno más saludable y de auto-afirmación.

https://www.youtube.com/watch?v=LRmL9tXYbwk

17. Partly Cloudy (Parcialmente nublado)

Esta cinta nos atrapa con su animación y música, nos envuelve en una serie de emociones y sentimientos que son dignos de análisis con los niños más pequeños. Reconocer nuestras emociones y saber nombrarlas inicia el camino de la madurez emocional. Inmediatamente podemos destacar la empatía que nos hace sentir la pequeña cigüeña y la monumental tarea que le ha sido asignada: repartir animales que, sin querer, le producen algunas heridas o malestares. Su perseverancia es admirable. El sentido del deber y de completar el objetivo son temas que se pueden trabajar a profundidad en el aula o en casa.

https://vimeo.com/22054501

18. Petals (Pétalos)

Este cortometraje nos presenta el ánimo de una conejita para proteger una flor y el desenfado con el que su rival, una gatita, pretende utilizar la flor para fines más triviales. La cinta nos ofrece la oportunidad de trabajar con los más pequeños el respeto al medio ambiente y generar empatía por la naturaleza. Entenderán que el egocentrismo con el que manejamos el uso de los recursos naturales los pone en peligro.

https://vimeo.com/193174360

19. Piper

En este filme, *Piper* nos muestra su miedo al mar. Podemos identificarnos con él al verlo correr para evitar ser sumergido. Esta película nos da la oportunidad ideal para trabajar el tema del miedo y brindar consuelo u opciones para superarlo. *Pipernos* ayuda con esta tarea. El pajarito aprende que, cuando dominas tus temores, te esperan grandes beneficios. Asimismo, este corto es estupendo para reflexionar sobre la tenacidad y la importancia de desarrollar independencia.

https://www.youtube.com/watch?v=dbKRRhEfCr0

20. Sanjay's Super Team (El súper equipo de Sanjay)

Sanjay es un niño al que le gustan mucho los superhéroes y su atención difícilmente se aparta del tema. Su padre desea inculcarle la religión y ciertas tradiciones, con el consecuente rechazo del chico. A través de su imaginación y de unir dos mundos, Sanjay aprende a valorar las enseñanzas de su padre y a conectar con él, ampliando su comunicación y relación familiar. Este corto puede ser utilizado para abrir temas que estén conectados con la religión o las creencias divinas. Estupendo canal para comentar sobre el respeto y apreciación a otros estilos de vida y pensamiento.

21. Take me home (Llévame a casa)

Esta animación nos ayuda a representar los celos y la competencia que pueden causar para llamar la atención de una niña al querer adoptar una mascota. El pequeño héroe de nuestra cinta, un perrito adorable, realiza cualquier cantidad de tretas para llamar la atención de la pequeña, y así nos muestra su deseo de ser adoptado y tener el cariño de su ama. La chica nos muestra cuán sencillo puede ser dejarnos llevar por las primeras impresiones y que es necesario ver más allá de la belleza física y sentir apreciación por las virtudes y bondades de los demás.

https://www.youtube.com/watch?v=D_Rx4qZ8QRc

22. Tamara

Educar sobre la inclusión y la equidad es algo necesario en nuestra sociedad. Tamara abre una ventana al mundo de la discapacidad auditiva y nos permite sentir admiración por esta pequeñita con grandes sueños. Aunque no puede escuchar las melodías, eso no le impide imaginar los ritmos y bailar ballet. Tamara nos otorga una magnífica oportunidad para sensibilizar a chicos y grandes sobre la empatía y enfatizar la idea de que no hay limitaciones para nuestros sueños y anhelos, porque la esperanza es de los sentimientos más positivos que puede experimentar el ser humano.

https://vimeo.com/67068457

23. The easy life (La vida fácil)

Muchos de nosotros deseábamos, cuando éramos más jóvenes, que nuestras tareas y deberes escolares desaparecieran, o bien, que mágicamente aparecieran completadas a la perfección. Pues bien, a nuestra protagonista, este sueño se le convierte en una realidad, que acepta gustosa. La vida fácil es una forma divertida de invitar a nuestros hijos o alumnos a reflexionar sobre esta fantasía y analizar las posibles consecuencias de las decisiones que tomamos. Uno de los elementos de la inteligencia emocional es la autorregulación; situación de la que claramente carece la niña de nuestra historia. Este corto brinda una estupenda oportunidad para mostrar las consecuencias de la impulsividad y pereza.

https://www.youtube.com/watch?v=iY2IXojrXwY

Cortos no animados

24. The butterfly circus (El circo de la mariposa)

Este corto nos cuenta la historia de Will, un discapacitado que ha perdido la esperanza y la alegría de vivir, y su camino hacia la autoaceptación. El circo de la mariposa puede ser analizado en clases o en casa, fijando la atención en distintos personajes, ya que cada uno cuenta con características únicas que ilustran de una u otra manera la emotividad humana. Tenemos a Will, que va superando los sentimientos de repudio hacia sí mismo y los transforma en aceptación y deseos de superación. Por otro lado, nos presentan al Sr. Méndez, quien muestra gran apertura y paciencia hacia el prójimo, y quien está dispuesto a brindar segundas oportunidades a varias personas. También podemos podemos estudiar a Otto bajo el ángulo del cariño y lealtad que muestra a los integrantes del circo.

https://vimeo.com/17476704

25. El sandwich de Mariana

Este cortometraje nos muestra una cadena de violencia y la forma como va generando dolor, tristeza e inseguridad a su alrededor. Mariana experimenta en carne propia el acoso escolar de parte de una compañera más grande. Vamos descubriendo que la victimaria es, a su vez, víctima de el abuso de alguien más, y que los eslabones pueden ser interminables. Esta cinta puede ser un recurso invaluable para mostrar esta realidad de nuestra sociedad y despertar la conciencia de los adolescentes hacia adoptar conductas y actitudes más tolerantes y empáticas que detengan la continuidad de las agresiones.

https://vimeo.com/100534222

26. Life (Vida)

Esta cortometraje nos ayuda a darnos cuenta de la naturaleza egoísta que algunas personas muestran en su actuar cotidiano. Sirve para ilustrar el desinterés que exhiben los adultos y que no ayuda en la solución de problemas, por muy simples que parezcan. Un chico da una magnífica lección de solidaridad y altruismo al dar una solución a la situación que se le presenta y que, además, puede ayudar a otros a superar.

https://www.youtube.com/watch?v=mWZ6b_I-Djg

27. Límites

Acompañamos a nuestra protagonista en su camino de enfrentar la insatisfacción que le produce la carga de expectativas que se tienen sobre ella y sus logros. Es un signo de madurez emocional la habilidad de entenderse a uno mismo, conocer nuestras capacidades y detectar cuando estamos cerca de rebasar nuestra tolerancia y de, quizá, emprender conductas que nos perjudiquen. En este cortometraje vemos cómo, de manera asertiva, se busca ayuda y se establece un diálogo que da la solución al conflicto.

https://www.youtube.com/watch?v=AByzQMaRk4k

28. No entiendo. ¿Por qué?

El acoso escolar es una lamentable realidad en nuestro país y no es muy común encontrar el punto de vista del lado del agresor, quien necesita ayuda para cesar sus acciones. Este cortometraje nos muestra esta cara, la historia de Cristina quien años más adelante y ante la violencia que sufre su hijo, se disculpa con la que fue su víctima tiempo atrás. Es una historia dura y que puede provocar impotencia en los espectadores. Como educadores, recomendamos rescatar esta emoción para sacudir la conciencia de los jóvenes y motivarlos al deseo de adoptar conductas de tolerancia y empatía.

https://www.youtube.com/watch?v=ped-Vde_xwI&t=19s

29. Ojalá nunca

Un corazón roto puede marcar la vida de una persona por largo tiempo. *Ojalá nunca* nos plantea los deseos de una chica después de que ha terminado una relación sentimental con su pareja. Nos deja ver los sentimientos de desesperanza, de desamor, soledad y desconsuelo, todos ellos dignos de análisis para el tema de la inteligencia emocional: reconocerlos, validarlos y guiar el actuar para la toma de decisiones sensatas para nosotros mismos. Evitar la impulsividad y ganar autocontrol ante una situación similar. Este corto toca un tema central en la vida de nuestros adolescentes: las relaciones de pareja. Vale la pena explorar junto con ellos el abanico de sentimientos que el noviazgo conlleva para orientarlos.

https://www.youtube.com/watch?v=vso2GR3s0uc

30. Perfection (Perfección)

La búsqueda de la perfección en sí misma es algo que deseamos despertar en nuestros hijos y alumnos. Sin embargo, ¿hasta dónde es saludable? Una vez que esta actitud se vuelve una compulsión, comienza a lastimar a la persona y a aquellos a su alrededor. Esta cinta nos muestra a una pequeña a la que desde temprana edad se le inculca el deseo de ganar, de vencer al tiempo y sus rivales en una necesidad de mostrar su superioridad. *Perfección* nos brinda la oportunidad de entablar un diálogo constructivo con los jóvenes a este respecto: conjuntar dos elementos de la inteligencia emocional: la motivación y la autorregulación, a fin de evitar caer en excesos.

https://www.youtube.com/watch?v=paVED2TFvEk

31. The most beautiful thing (Lo más hermoso)

Divertida cinta que nos deja ver la historia de amor entre dos adolescentes. La chica es sordomuda y el chico, un tanto distraído, se deja llevar por las apariencias. Esta historia es ideal para conducir a nuestros jóvenes hacia la reflexión sobre cómo Brandon se vería beneficiado si desarrollara habilidades sociales, tales como hacer preguntas, expresar sus sentimientos y no caer en conclusiones rápidas. Aunque nuestro héroe carece de lo anterior, cumple con mostrar empatía e interés por aprender el lenguaje de señas, y así mejorar su comunicación con Emily.

https://www.youtube.com/watch?v=Ebyaj-6sy5E

32. The soup (La sopa)

Cinta de corte cómico que resulta ligera y atractiva para chicos y grandes. La sopanos deja una moraleja sobre la conveniencia de hacer lo correcto, de despojarnos de la individualidad y de tomar en cuenta las necesidades y situaciones que viven otras personas. Despierta las ganas de ser compasivo y de ayudar al prójimo. Todas estas actitudes son necesarias para la empatía como elemento de la inteligencia emocional.

https://www.youtube.com/watch?v=x7nX8p4RAe0

33. Validation (Aceptación)

¿No sería genial que pudiéramos caminar por las calles dando elogios y cumplidos a completos extraños? ¡Imagínate el efecto positivo que esta acción tendría en el autoestima de las personas! Hugh, nuestro héroe, hace justo eso. Va por la vida dando comentarios positivos, de aceptación, a todos aquellos con los que se topa. Es una delicia ver esta cinta que de un inicio nos llena de positivismo y nos arranca una sonrisa. Esta situación irrisoria nos ayuda en la reflexión sobre la apertura de mente y la alegría que se contagia entre los seres humanos. También podemos estudiar cómo Hugh se enfrenta a una experiencia que lo llena de tristeza y, pasado un tiempo, retoma su carácter alegre y disposición amable.

https://www.youtube.com/watch?v=sohbjMOAEnk

Cortos de inteligencia Emocional (CIEC)

1. Tamara

Así se llama la protagonista de este cortometraje, una niña que pese a su discapacidad (es sorda) quiere convertirse en bailarina. A pesar de que no puede escuchar la música, Tamara la siente sin que ello suponga un impedimento para luchar por su sueño y alcanzarlo. Este ejemplo de superación personal ayuda a trabajar la empatía, y también a mostrar que pese a la diversidad la igual de oportunidades también existen.

https://www.youtube.com/watch?v=foRUY2l4-3I

2. Ciudad Colorida

No todas las personas tienen la capacidad de sentir y expresar sus sentimientos de igual manera. Esta pieza nos lo demuestra contando la historia de un joven feliz que gracias a su actitud y gestos logra colorear el sentimiento gris y de tristeza que encuentra a su alrededor. Un día conocerá a una joven y nuestro protagonista sentirá sensaciones que nunca antes había tenido.

https://www.youtube.com/watch?v=VltxYLuZrJ8

3. Octapodi

¿Cuántas veces no hemos oído la expresión 'qué serías capaz de hacer por amor'? Octapodi responde a esta pregunta con un cortometraje de tintes humorísticos y una música muy pegadiza que hará esbozar alguna que otra sonrisa. Es la historia de dos pulpos enamorados que son separados cuando la hembra es adquirida para un restaurante de mariscos. El pulpo macho para lo imposible para recuperar a su amada.

https://www.youtube.com/watch?v=badHUNl2HXU&t=5s

4. Colour your world with Kindness

Promover la generosidad, la bondad o la empatía es el propósito de este cortometraje que quiere hacer del mundo un lugar mejor, porque las pequeñas acciones muchas veces marcan la diferencia.

https://www.youtube.com/watch?v=rwelE8yyY0U

5. Un beso antes de desayunar

En formato videocuento, esta propuesta muestra como las caricias, los abrazos y, por supuesto los besos, son necesario para el desarrollo de una buena base emocional. Lo podéis completar con una experiencia como la que nos propone la docente Elena en su blog Diario de una maestra: aula de Elena.

https://www.youtube.com/watch?v=5OxWNw-6l3Y

6. La Flor Más Grande del Mundo

Este cuento escrito y narrado por José Saramago trata sobre un niño que crece en un mundo quebrado por el individualismo, la desesperanza y la falta de ideas, donde prevalece el egoísmo, la falta de solidaridad o de amor a la vida. El niño realiza un viaje a su interior en busca de los valores esenciales que le ayudarán a darle sentido a su vida y su infancia se convertirá en el lugar para reencontrarse con lo mejor de sí mismo.

https://www.youtube.com/watch?time_continue=1&v=vb 7w8CZNevY

7. Cuando estoy enfadado

Beatriz Montero narra este cuento de Trace Moroney, de la editorial SM, que explica a los niños que el enfado es un sentimiento normal, siempre y cuando no se haga daño a nadie. El mejor momento para escucharlo es cuando los niños se enfadan ya que aprenderán a controlarlo y a tener una autoestima sana. Este vídeo fue emitido en el programa infantil 'La merienda', Tenerife, en 2013.

https://www.youtube.com/watch?v=7Krw5hSsFxo

8. Paula y su cabello multicolor

Trata de enseñar a los niños a identificar las emociones básicas como son la alegría, la tristeza, el enfado o el miedo para que después las acepten y puedan expresarlas y canalizarlas de manera positiva y saludable. El cuento, de Carmen Parets, está escrito en un lenguaje sencillo, recomendado para niños a partir de 3 años. Además, cuenta con una amplia recopilación de recursos y actividades gratuitas complementarias que se pueden encontrar en su página de Facebook.

https://www.youtube.com/watch?v=K4Zk7p7FN0k

9. El monstruo de los Colores

Anna Llenas cuenta la historia del Monstruo de los Colores, quien se hace un lío con las emociones y le toca resolver el enredo. Es un gran apoyo para explicarle a los más pequeños las emociones, ya que después de escucharlo se pueden desarrollar un montón de actividades donde ellos mismos pueden expresar sus sentimientos.

https://www.youtube.com/watch?v=Gkh8TvSV_CI

10. Cerebro dividido (Brain divided)

Este cortometraje de animación muestra cómo funcionan los dos hemisferios del cerebro masculino cuando se enfrenta a una cita romántica con una mujer. Por un lado, está el correcto y coherente y, por otro, el sensible y sexual. Se trata de un film humorístico realizado por Josiah Haworth, Joon Shik Song y Joon Soo Song que muestra esa batalla entre la cabeza y el corazón.

https://www.youtube.com/watch?v=Lc7Y-pt-2HA

11. El pez arcoíris

En el océano existe un hermoso pez que se llama Arcoíris por sus precisos escamas de colores y al que todos admiran por su gran belleza. Pero en realidad este hermoso pez está solo, su egoísmo hace que ninguno de sus compañeros quiera jugar con él. Un cuento de Marcus Pfister que enseña lo importante que es compartir.

https://www.youtube.com/watch?v=Dr92P3eXvAM

12. Monsterbox

Es una emotiva, divertida y tierna animación sobre la amistad. Sus autores, Ludovic Gavillet, Lucas Hudson, Colin Jean-Saunier y Dérya Kocauriu, son cuatro estudiantes de una reconocida escuela de Arte y Diseño de Lyon (Francia) que han sabido llegar al corazón de pequeños y mayores. Los protagonistas son dos amigos totalmente diferentes que valoran la amistad por encima de todo, sabiendo reconocer los errores y aprendiendo de ellos.

https://www.youtube.com/watch?v=hM4CWXwkyZ0

13. Miedo

El cuento de Graciela Beatriz Cabal cuenta cómo un niño vive diferentes situaciones de miedo: a la oscuridad, al ruido, a las personas bajitas, a las altas, etcétera, hasta que adopta un perros y se come todos sus miedos. Un historia de fortaleza para superar una difícil situación.

https://www.youtube.com/watch?v=v2YQKfOIcgU

15. Mi lado de la bufanda

Carmen Parets es la autora de este cuento sobre la amistad de dos amigos, Héctor y Violeta. Enseña a los más pequeños el valor de la amistad verdadera a través de una bufanda que les une, a veces parece que les separa, otras les llena de amor y en ocasiones es como si les ahogara. Una metáfora sobre el valor de la amistad verdadera.

https://www.youtube.com/watch?v=y8bq63NqaF4

16. For the birds

Cortometraje de animación de los estudios Pixar que se estrenó en 2000. La trama se desarrolla en un cable telefónico, donde **15 pájaros pequeños comienzan a burlarse de un pájaro de mayor tamaño**.

https://www.youtube.com/watch?time_continue=1&v=T63MCogI4sM

17. Chicken or The Egg

Esta propuesta, con tintes románticos y un toque de humor, **cuenta la historia de un cerdito al que le apasiona comer huevos**. Pero un día se enamora de una gallina y tendrá que elegir, ¿el huevo o la gallina?

https://www.youtube.com/watch?v=nfYPktsd9bs

18. Empathise

Apenas tiene una duración de dos minutos, pero resulta de especial interés para **trabajar la empatía con los más pequeños y también concienciarles sobre el cuidado de los animales**.

https://www.youtube.com/watch?v=GJ89dk9chnk

19. El poder de la empatía

Es un cortometraje de la Doctora en Trabajo Social Brené Brown, que ha dedicado parte de su trayectoria profesional a estudiar **el coraje, la vulnerabilidad o la vergüenza como algunas de las dificultades que impiden que las personas conecten y se comuniquen entre sí**.

https://www.youtube.com/watch?v=AyInqn_Hw_E

20. Los ojos de Lena

La protagonista de esta historia es Lena, una niña de corta edad que un día visita el zoo en compañía de su madre. Pero el zoo no es el lugar que ella había pensado que sería porque los animales no reciben el trato que deberían. **Lena se siente mal y decide que tiene que cambiar las cosas**.

https://www.youtube.com/watch?v=foy0pv8GL9s

OTROS VIDEOS DE INTERÉS

https://www.youtube.com/watch?v=b8sxraXWrck

https://www.youtube.com/watch?v=NzKpmoTZgBU

https://www.youtube.com/watch?v=EC6y0MXADd4

https://www.youtube.com/watch?v=T-WE4N-XH2M

Algunos libros sobre emociones

- *"Dropy la gotita inteligente"*, Pedro Rojas Pedregosa. Ed. Wanceulen (+3 años)

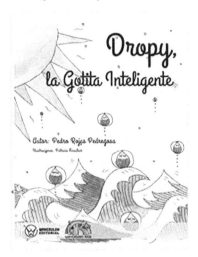

- *"El monstruo de colores"*, de Anna Llenas, ed. Flamboyant (+3 años)

- *"El gran libro de las emociones"*, de Esteve Pujol, Rafael Bisquerra y Carles Arbat, ed. Parramon (+6-7 años)

- *"Emocionario"*, VV.AA, ed. Palabras Aladas (+7 años)

- *"Recetas de lluvia y azúcar"*, de Eva Manzano y Mónica Gutiérrez Serna, ed. Thule (+9 años)

- *"El gran libro de las emociones"*, de Mary Hoffman y Ros Asquith, ed. Juventud (+4 años)

Respuestas a los cuestionarios y a la evaluación final

Cuestionario 1

1- a
2- b
3- b
4- a
5- a
6- c
7- a
8- a
9- a
10- c

Cuestionario 2

1- b
2- a
3- a
4- c
5- a
6- a
7- b
8- c

Cuestionario 3

1- a
2- a
3- b
4- a
5- b
6- c

7- a
8- a
9- b
10- c

Cuestionario 4

1- c
2- a
3- a
4- b
5- c
6- b
7- b
8- c

Evaluación final

1- b
2- a
3- a
4- b
5- a
6- c
7- b
8- a